Unificado

Somos Uno

Sonia Ahmed

UNIFY BOOKS

UNIFY

CONTENIDO

Unificado En Diferentes Lenguajes

توحيد Arabic
Verenig Africaans
Միավորել Armenian
birləşdirmək Azerbaijani
bateratzeko Belarucian
ঐক্যসাধন করা Bengali
Унифицира Bulgarian
Unificar Catalan
统一 Chinese simplified
統一 Chinese Traditional
Ujediniti Croatian
Sjednotit Czench
Forene Danish
Verenigen Dutch
Unify English
Unuigi Esperanto
Ühendama Estonian
Bigkisin Filipino
Yhtenäistää Finnish
Unifier French
Unificar Galician

გაერთიანებულიყო Georgian
Vereinheitlichen German
Ενοποιήσει Greek

કરવ Gujarati

Inifye Haitian Creole
להאיחד Hebrew

एकत क करन Hindi
Egyesít Hungarian
Unify Icelandic
Menyatukan Indonesian
Irish Irish
Unificare Italian

統一する Japanese

ಒಗ್ಗೂಡಿಸು Kannada

하나로하다 Korean
Unify Lao
Uniendis Latin
Vienādot Latvian
Suvienodinti Lithuanian
Обединување Macedonian
Menyatukan Malay
Unifikati Maltenese
Forene Nowegian

کردن متحد Persian
Ujednolicić Polish
Unifica Romanian
Унифицировать Russian
Ујединити Serbian
Zjednotiť Slovak
Poenotili Slovenian
Unificar Spanish
Kuunganisha Swahili
Förena Swedish
ஒருபட Tamil
చఏక Telugu

รวมกัน Thai
Birleştirmek Turkish
Уніфікувати Ukrainian
یکجا Urdu
thống nhất Vietnamese
uno Welsh
פאַרייניקן Yiddish

one infinitely mathematically

INTRODUCCION

Cuando decidí hacer este libro siempre estaba pensado en mil cosas del porque no podía o debía hacerlo, una de las cosas que pensé fue el costo, porque quería hacer un libro muy bien ilustrado con una carátula bonita que llamara la atención, incluso el hecho de estudiar psicología, para que viniendo de alguien así. La gente tuviera alguna clase de respeto o admiración de quien viene, pero de nuevo algo me dijo en mi mente no importa de quien venga realmente porque aun que venga de alguien con una profesión admirable aun va a ser cuestionado de igual manera, y actualmente de la forma en la cual soy uno de ellos con todos los errores y buenas intenciones como todos ellos. Pero eso mismo me lo impedía porque quería que se mirara perfecto pensaba en el costo del mismo.

Pero algo me dijo que no importaba el costo del libro si no el contenido de el mismo, y por lo tanto que dejara ir la forma, y que saliera a como saliera. Como una canción que para algunos significaría algo y se identificarían con ella pero para otros no.

La apariencia del libro no importaba porque su propósito era la parte más importante. En ese momento supe que era el tiempo indicado para escribir este libro. Inicialmente, el nombre de este libro iba a ser Secuencias de la Vida. Cuando empecé a escribir Secuencias de la Vida era sólo un libro positivo con pensamientos positivos que quería compartir con la gente porque yo estaba viendo una gran cantidad de negatividad alrededor de mí, mi familia, mis amigos cercanos y mi entorno. Muchos de mis amigos me fueron desanimando de escribir este libro, al igual como cuando las grandes ideas en general se diluyen y, finalmente, se desvanecen por completo y sin saber lo que los resultados finales podrían haber sido.

Aunque tuve un sentido raro que me hizo pensar dos veces si lo hacía o no, algo dentro de mí me decía que tenía que hacerlo, porque era una necesidad que se tenía que cumplir, fue algo como cuando tú le dices a alguien, que necesitas hacer y si no lo haces, tendrá que ser, lo quieras o no, por ejemplo cuando tú le dices a tu hijo, ayúdame a limpiar la cocina y él dice no, no puedo ahora porque tengo que hacer algo y te empieza a dar toda clase de excusas que al final solo son pretextos para no hacerlo.

En ese momento esa voz en mi mente dijo, no lo hagas si no quieres, pero de igual manera va a tener que ser, quiera yo decirlo o no, sentí una fuerza dentro de mí que fue algo así como, si no lo hago, alguien lo va a tener que hacer de igual manera porque es una necesidad de algo que tiene que pasar.

En ese momento entendí que no era yo la que tenía que hacerlo, o no era yo la que tenía que tener control de todo esto, porque por estarlo mirando de esa manera se me hacía imposible que pudiera hacerlo realidad, de que tenía que hacerle saber de mi sueño al mundo de que nos unificáramos. Es necesario y es algo que todos sabemos en el subconsciente. Después de todo, esa es la razón detrás de nuestra batalla diaria. Pero pensé que trayendo paz a todos, sin odio, era la única manera que podría llegar a todos sin discriminación.

Durante ese tiempo entendí que mis padres quisieron hacerme independiente de las opiniones de otros para lograr siempre lo que yo quería hacer en mi vida pero también entendí que tenía que ser independiente de la mente de otros pero no independiente de Dios porque Dios estaba constantemente hablándome dentro de mi mente misma.

¿Por qué era eso necesario? Porque cada cabeza es un mundo ellos también tienen su razón de ser tan especial como la mía, pero no es la misma, de la cual yo fui llamada para venir y hacer en este mundo lógico, porque cada quien tenía que ese llamado especial del cual nos grita dentro de sí mismos ese yo frustrado, del cual ignoramos por lógica de los cuales nos damos constantemente excusas o pretextos para no escuchar ese yo interno. No te frustres, encuéntrate y sabrás que bella es la vida. El propósito de este libro empezó en mi mente, porque quería encontrar la verdad de todo y para eso solo Dios me la podía responder. Porque siempre cuando le preguntaba a todos me decían que esa era su

Verdad, y hasta cierto modo sabía que tenían razón, pero le pregunte a Dios en un momento frustrante de mi vida ¿cuál es tu verdad? Fuera de hasta mi propia opinión y hasta mi punto de vista porque después de haber escuchado la verdad de todos hasta yo me había formado mi propia verdad, basado en la vida real del cual yo estaba adicta a estar viviendo de la verdad de todos y sentía que solo estábamos dando círculos y círculos sin salir del mismo lugar, todos sin excepción estábamos en el mismo barco. Porque esa verdad es la que quiero que sepan, y en mi inconsciente, en meditaciones y sueños aprendí que esa verdad de la cual todos estamos buscando, solo la podemos encontrar dentro de nosotros mismos, y cuando la encontramos, la verdad no la tengo que decir yo, la verdad caerá por su propio peso, como la ley de gravedad dentro de nosotros mismos, porque cuando sepas esa verdad ya no separas razas, ni naciones, ni niveles sociales y cuando eso pase dentro de nosotros mismos, ya no habrán rencores, ya no habrán temores, ya no habrán envidias, te sentirás como en las nubes aquí mismo. Y entenderás todo porque aprenderás a ver a la gente como eres tú con tu reflejo y no querrás hacerle daño a nadie. Por un día ponte en los pies de esa persona pobre, que no tiene ni zapatos porque no tiene dinero para comprarlos, pero otro día ponte en el lugar de la persona que no tiene piernas y por lo tanto no tiene ni pies para poder usar zapatos.

Mírate en un espejo o ponte en el lugar de la persona que no tiene comida. Pero cuando digo ponte en ese lugar realmente actúa un día en el lugar de esa persona, que hace esa persona sin comida naturalmente si no hay comida no puede comer, pues en ese día ayuna por los que no tienen comida y dedica ese día por esa persona. Pero no te olvides que esa persona podría no tener agua también, entonces ese día tampoco tomes agua, y no te preocupes por un día sin agua ni comida no le pasara nada a tu organismo, no te morirás por falta de agua ni te morirás de hambre, pero te ayudara a saber que con un día la gente no muere de hambre, pero si hay personas que han muerto por falta de comida y de agua. Esto te ayudara a concientizar y a apreciar todo empezando por el agua y la comida. Por un día ve al hospital a mirar a los niños y te ayudara a apreciar tu salud y a concientizar, por un día ve a ver a los ancianos, pasa un día con ellos y piensa que así como los ves te verás. Que si nuestro creador te lo permite. Sabrás que ese será el paso a dar antes de entregar cuentas y no podrás ignorar que tan importante es vivir el momento y de momento a momento vivir tan solo un día y agradecer no solo por el día que estás viviendo, si no por el momento que estás viviendo, agradecer por ese momento si tú te pones en el otro lado del espejo siempre cuando hables no podrás ofender a nadie porque sabrás que en el otro lado es solo tu reflejo y lo que digas o hagas se reflejara de regreso hacia ti, cuando aprendamos a ser esto, hasta los esclavos dejaran de ser esclavos de sí mismos, porque se liberaran de toda atadura.

Siento que hemos estado confundidos por nuestras propias ideas de cómo definir las cosas, lo malo de esto, es cuando asumimos algo que solo era una idea de todo, pero una idea que muchas veces nos perjudica más que ayudarnos y la convertimos en verdad, nuestra verdad, y esa verdad errática muchas veces la trasmitimos como un virus a los seres más cercanos a nosotros y al mismo tiempo la heredamos de generación en generación como un virus llamado verdad, que comenzó de una simple idea de algo. La clave de vivir en armonía es participar solamente en pláticas agradables para motivar a los que tienen esos buenos pensamientos, he ignorar los insultos que vienen de personas por que después de todo solo son palabras que vienen de un pensamiento mal formado, no quiero decir con esto ignorar a la persona por completo, si no lo que quiero decir es, esperar un mejor momento para aclarar esa idea que se formó del cual causo un disgusto, es por eso que vivir en fe es: No hablar de tu prójimo, no juzgar, no desear los bienes ajenos porque absolutamente todo lo que la otra persona tiene lo puedes tener tu sin excepciones siempre y cuando cambies de perspectiva, de lo que realmente es la vida, cuando empieces a leer este libro te va a parecer que estás leyendo la misma página o algo relacionado con lo que ya leíste, pero eso es simplemente porque todo es como una cadena de todo, y de todos porque todos somos uno viniendo de uno como único, te va a sonar redundante pero es así porque solo somos un eco de todos un reflejo de todo del uno.

1 DE NINA

Cuando yo era una niña me gustada meditar, obviamente ahora yo lo se, en ese momento yo no sabia que estaba meditando. De niña yo vivía en un pequeño pueblo, me gustaba mirar como el agua caía arriba de las hojas de los árboles desde mi ventana. Siempre estuvo en mi mente el porque de las cosas, tanto así que salio un libro para coleccionar de "el por que de las cosas" un libro en donde estuve coleccionando estampas para formar mi álbum el cual despertó mi mente aun mas, de lo poco que yo tenia en mi niñez, mi madre, cuando yo era niña un día me explico a su manera, que había un Dios que aun que yo podía verlo el si me miraba y aun que yo no podía escucharlo como cuando ella o alguien mas me hablaba el si podía escucharme, cuando Dios me hablaba lo hacia en mi mente. Recuerdo que cuando ella me contó todo eso yo le pregunte: ¿y por que no lo puedo ver mami? su repuesta fue por que el es inmenso y es tan grande que nuestros ojos son muy chicos para verlo, y siguió explicándome que el era muy bueno con todos por que el nos quería mucho que todo lo que le pidiéramos nos daba a nosotros, solo que el momento que el creía adecuado. Con eso en mente recuerdo que fui al jardín de mi casa en donde había muchos árboles frutales, era un lugar muy amplio para jugar. Pero aun que tenía mis juguetes a veces no quería jugar con mis juguetes, había veces que me gustaba contemplar la naturaleza y jugar con la naturaleza. Recuerdo que me senté a ver un nido de hormigas y en ese momento recordé lo que mi madre me dijo, y luego me puse a pensar como es Dios como es tan grande que no lo podemos ver, como y por que y todas las preguntas que pasaron en mi mente, muchas veces me imagine que para Dios somos como hormigas por que el puede vernos de done venimos y a donde vamos, si te tomas el tiempo y tratas de similar como las hormigas trabajan, observando las hormigas ellas no te pueden ver pero yo si a ellas somos inmensamente grandes, ellas luchan por sobrevivir, al igual que nosotros.

Si tratas de experimentar, en un momento si ellas te pueden ver, pon tu dedo cerca de una de ellas y ella subiera a tu mano y seguirá caminando como si nada creo que hasta sin darse cuenta que la estas desviado su camino, y luego pregúntate. Realmente te ve y sabe quien eres o cree que eres parte del nuevo camino o realmente sabe que la desviaste pregúntate en ese momento y observa tu ves a la hormiga, pero ella ti no... o ¿si te podrá ver? trata de entender como Dios puede ver sobre todos, con la acepción de que en el caso de nuestro creador todo es mucho mas profundo por que el puede ver dentro de nuestros ojos y oír dentro de nuestros oídos y sabe nuestros pensamientos y hasta nuestras intenciones. Y esa es la razón por la cual no lo podemos engañar por que el esta dentro de nosotros mismos, y en todos nuestro alrededor, Muchos momentos jugué con las hormigas de niña recuerdo que había una hormiga que iba con su migaja de comida tratando de subir una cuesta para llegar a su casa y luego la agarre con un pequeño palo para tratar de ayudarla para que llegara mas fácil, pero luego me di cuenta que la hormiga se regreso a donde estaba, como no muy contenta, como queriendo hacer las cosas por su cuenta sin querer o agradecer que yo le ayudara pero también sin darse cuenta de donde había salido ese palillo en el cual yo hice que se subiera para hacerla llegar mas pronto, y luego pensé , como en ese lugar llovía seguido se formaban como posas de agua en la tierra, como cuando hay una inundación y luego me dije como será para las hormigas cuando llueve o cuando hay mucho aire. Será como un huracán o una inundación. Saben de donde viene y como pasan las cosas.... al ponerme a pensar me di cuenta que el mundo de las hormigas es solo de sobre vivencia como nosotros mismos, solo pensamos en nosotros cada día, pensamos en que vamos a hacer y que vamos a comer pero los que sabemos que hay alguien mas poderos que nosotros, que tiene autoridad sobre nosotros guardamos cierto respeto sabiendo que hay limites de acuerdo a nuestras habilidades como humanos y los limites que tenemos son individuales sabemos que hay alguien en el mas allá de nuestro entendimiento que para el nuestro creador no tiene limites.

Y así Jugué con las hormigas, sople fuerte y me di cuenta que algunas volaron con mi soplido tan fuerte. Y luego me pregunte: que paso? pero tan poco se dieron cuenta que era yo el que había soplado, aun cuando algunas me imagino se lastimaron con mi soplido, luego me puse a pensar ese soplido para ellas fue como un huracán fue algo fuera del control de ellas. Y así, seguí jugando con las hormigas pero luego pensé que tal si les hecho agua como un colador, para ver si ellas pueden ver de donde viene el agua y se alejan de allí, algunas se mojaron, algunas salieron corriendo a otro lugar pero no sabían de quien se trataba no sabían que era yo la que estaba tratando de mandarles agua yo si las podía ver pero ellas a mi no, por que estaban tan ocupadas con su rutina diaria. Que solo sabían que estaba cayendo agua y que alguien había soplado, luego se me ocurrió que quería agarrar unas migajas de pan para que ellas se lo pudieran llevar a casa me di cuenta que algunas de ellas fueron y agarraron inmediatamente su pedacito de pan pero ni aun así se dieron cuenta quien era la persona que en ese momento les dio ese pedacito de pan y ni siquiera intentaron a averiguar quien era la quien estaba allí observándoles todo el tiempo. Ellas en ese momento lo único que les importaba era lo que en ese momento estaban viviendo, sin importarles del como estaba llegando a ellas. Para mi ese día fue un día muy divertido, pero pude imaginar como Dios estaba actuando con nosotros y supe que aun que yo no lo podía verlo a el, el ami si y a un que mi vista no alcanzaba abarcar tan lejos para poder verlo a el, el ami si y no solo el echo del cual el si me podía ver a mi pero el echo del cual el podía ver de donde venia y a donde iba y cual era mi forma de pensar por que todos sabemos como una hormiga piensan solo en sobrevivencia por las dificultades que esta pasando en ese momento preciso. Sin darse cuenta que solo es un momento que esta a punto de cambiar que esa cuesta arriba empinada resbalosa podrá subirla y disfrutar su pan de cada día, con otros retos que más adelante tendrán. Por que eso es lo que unos le llaman problema, ¿pero que es un problema? Será solo una circunstancia para medir nuestras capacidades emocionales.

El mensaje de este libro es unificarte a ti con nuestro creador   y cuestionarte por que si te das cuentas en todos los apóstoles que vinieron con un mensaje que dejaron del por el cual vinieron a experimentar la vida visible, pero fueron cuestionados cada uno de ellos tuvieron que demostrar de alguna manera su fe, y aun así después de lo que cada uno demostró en su momento no fue suficiente por que usamos la lógica para todo, y yo se que hay unas historias con   las cuales   no te identificas   o simplemente no te gustan, o no estuviste de acuerdo con lo que ellos hicieron en su momento, pero piensa, por mucho que intentes cambiar esos libros   de historias pasadas y aun que así lo hicieras de volverlas a escribir no serian esas historias, si no la historia de lo que tu piensas de ellas, últimamente he vistos debates de eso libros dentro de uno y el otro tratando de corregir de acuerdo a nosotros lo "incorrecto", por que pensamos que es nuestro trabajo, pero se nos olvida por un momento el poder de de nuestro creador el tiene todo el poder hasta de eso aun que nos cueste trabajo aceptarlo, por que cuando el nos creo, nos creo con esa alarma interna que nos dice cuando algo que estamos haciendo no es esta bien, pero regular mente, y especialmente cuando estamos enojados ignoramos, o sabiendo las consecuencias aun así lo hacemos. Por que sabemos que es bueno y lo que es malo, es aquí y en china, o por lo menos todos sabemos las consecuencias de lo que creemos que es malo, o bueno, eso que yo te pregunto:

¿Cuál es tu historia? La historia que quieres vivir y dejar como un legado. Por que después de todo es tu turno y lo que tú le quieras poner es tu historia. ¿Que parte de ella quieres formar? ¿Cual fue el propósito de tu venida? Regularmente la encuentras en lo que mas disfrutas hacer en esta vida siempre hay algo de lo que todos necesitamos de ti que fue el propósito de tu venida, por que aun los que han escrito un libro de cómo matar puede ser bueno. Cuando lo lees para saber como las personas que están escribiendo ese libro piensan, todo como en una película para poner personas que te quieran perjudicar, tienen que haber villanos y tienen que haber personas buenas o victimas, pero todo eso es para verte en el espejo y decir yo no quiero ese papel en la vida real y es solo para aclarar lo que queremos, pero siempre pregúntate algo muy simple, ¿en los ojos de Dios esta bien lo que este momento estoy haciendo? por que todo tiene consecuencias, Quiere saber quien soy yo. Y por que escribí este libro. Yo solo soy una mas de ellos... de la familia humana es todo, si soy yo el reflejo de ti mismo con defectos y virtudes (lejos de ser perfecta). Pero ahora me doy cuenta que era necesario que yo fuera así como soy, para ser yo. Y la diferencia de uno al otro nos hace únicos, y eso nos debería de unirnos más, para saber más del uno al otro y aprender de nosotros mismos.

UNIFY

2 MUNDO LOGICO

El mensaje de este libro es para recordarles de que somos uno, sólo un reflejo del otro, que viene de uno, y es de uno. Y cuando nos separamos unos de los otros nos sentimos excluidos o estamos excluyendo a los otros. Empezamos por preguntarnos si tenemos la razón y ellos están equivocados pero también nos preguntamos y que nosotros estuviéramos equivocados y ellos tuvieran la razón. Este sentimiento viene porque nos separamos cuando se supone que no deberíamos de separarnos. De lo que no nos damos cuenta es que A todos les duele igual ver un niño o mayor de edad sufrir. Les duele por igual a todos cuando hay una injusticia o malicia, si pensamos en un nivel humano. Cuando nos separamos de Dios, pensamos que no lo necesitamos y empezamos a tener sentimientos de competencia. Al igual que tenemos que ser mejores que el resto de los que creemos que son diferente a nosotros. Creemos que podemos hacerlo todo sin Dios, pero pensar de esa manera es permitir que nuestro EGO tome el cargo de nuestras vidas. Pero la verdad es estar sin Dios en una forma es vivir sin esperanza y mucho menos fe. Porque muy dentro de ti mismo sabes que hay alguien que empezó todo esto. Si dudas de ti mismo, con todas estas ideas en tu mente puede ser ilógico que no haya final. Y luego tendrás más y más preguntas. Si observas a todos los profetas, trajeron un mensaje con ellos y el mensaje era que hay un solo Dios. La duda de todos nosotros nos hizo pedirles que demostraran lo que estaban diciéndonos y fueron interrogados hasta más no poder. Pero en ese momento para demostrarles a todos el poder de Dios, tuvieron cada uno de ellos que pedirle a Dios una señal para los que no estaban creyendo. Pero tristemente aun con todo y eso, no fue suficiente para todos.

Si lo pensamos, Dios ya está haciendo esto con nosotros de diferentes maneras. Por eso todo lo que creemos imposible, no lo es. Lo imposible es algo que no se ha descubierto por el hombre. "Descubrir" quiere decir que existía escondido, pero nadie lo había encontrado. Si miras a tu alrededor y observas todo descubierto por el hombre, es un milagro de vida. Nadie lo creía hasta que alguien con fe firma llego y lo descubrió. Aunque hubiera contradicciones, persevero y finalmente lo hizo visible al mundo.

(Cada uno de los mensajeros de Dios demostró con su propia capacidad que Dios existía.)

Nota: Sólo para que conste que la gente sepa, cuando estaba escribiendo el libro siempre le pedí a Dios nuestro Creador en busca de ayuda para corregir los errores en este libro. En este caso, esta línea que ahora se encuentra en paréntesis fue una línea que Dios me ayudo a corregir porque me equivoqué en la explicación que estaba dando. Usted puede preguntarse cómo Dios me ayudó a corregir esa línea en el libro. Para una explicación más detallada sobre este tema, consulte el capítulo de los Milagros.

Lo que quería decir era que todos los profetas incluyendo a Jesús, quisieron demostrar la existencia de Dios con su propia capacidad estaba mal, porque nadie es capaz de hacer nada sin el espíritu de Dios. Nunca fue su propia capacidad. De cierto modo, somos como un guante y Dios es la mano. El guante no puede moverse ni hacer nada sin la mano como en el caso de Juan de Dios. Juan de Dios de Brasil es un sanador, a nuestros ojos, pero él realmente es el guante y Dios es la mano. No podemos ver la mano, pero estamos viendo el guante realizar esos milagros. (Usted puede ver sus vídeos en YouTube.) Tendemos a juzgar quien está realizando los milagros y cuando juzgamos negamos.

En el caso de Jesús, pensamos que era el sanador, pero también era el guante. Todo se hizo por medio del Espíritu de Dios. Cuando pensamos que era Jesús, negamos a Dios y nos sentimos incapaces.

El Reino de Dios es la puerta al conocimiento de su Reino de cómo vivir en armonía como el cielo en la tierra. Para eso necesitamos conectar con nuestra fuente, que es el Creador y el Proveedor de todos. Nuestro Creador es nuestro GPS, al igual que el Espíritu era Jesús. Pero incluso después de eso, no fue suficiente para que la mayoría de ellos a creyera que Dios era real, porque somos lógicos. Porque tiene que tener sentido para nosotros y queremos la prueba de todo, Siempre damos crédito a quien lo está demostrando o al que vemos en ese momento. Pero la verdad de todo es que la gloria va para el que no vemos, que es la energía pura del cual toda nos da, nuestro Creador. Porque no podemos ver a Dios. Nosotros sólo estamos viendo el guante. Creemos que es el guante, pero es la mano. A veces lo que vemos o vivimos no es lo que queremos, pero tenemos que ignorarlo. Tenemos que ser ilógicos a lo que vemos. Si nos permitimos vivir el momento que no nos gusta, nos metemos en ese momento y luego sufrimos porque permitimos que nuestros sentimientos entren a ese momento de eternidad. Sé que hay algunas historias con las que no te identificas, o simplemente no te gustan, o con las que no estás de acuerdo, por la que hicieron la reacción de su momento. Sin embargo, pensar en ello es perder el tiempo, porque por más que trates de cambiar esos libros de historias pasadas, no podrás. Incluso si las reescribes, no serían esas historias, sino que sería la historia de lo que piensa de ellas.

Si le preguntas a un abogado en que trabaja, su respuesta será: Practico la ley. ¿Por qué practicar leyes si están en cambio constante? Cuando se gradúe un abogado, él tendrá que seguir renovando su licencia después de un cierto tiempo debido a que las leyes de un estado a otro y de un país a otro no son las mismas. ¿Por qué? Es porque se basan en las creencias en ese momento y lugar. Se debe a que la mayoría cree que este bien en ese momento, aunque no todo el mundo está de acuerdo. Es uno de un voto de la mayoría. Es así hasta que las nuevas leyes se volvieron a descubrir o volver a escribir de acuerdo a las necesidades en ese período de tiempo.

Ahora piensa en cuando le preguntas a un médico acerca de su trabajo. Su respuesta será: Practico la medicina. ¿Por qué practicar la medicina? Es porque ésa es la verdad. Él practica y practica con usted. Para ser sincera, ellos constantemente siguen descubriendo. Cada día hay nuevas cosas que ni siquiera sabían de la ciencia. Es por eso que también están constantemente renovando su licencia. Es para actualizar sus conocimientos. Por curiosidad, pregunta acerca de las personas que se han curado de alguna enfermedad terminal. Según su punto de vista, ellos fueron curados por la fe o por la medicina, porque si lo analizas, el gobierno cambió la ley en lo que respecta a los efectos secundarios de la medicina. Si te das cuenta, verás que están tratando de cambiar los sentimientos y los efectos secundarios, que son muchos más que los que estaban tratando de curar. Pregúntate a ti mismo lo que te ha curado, tu fe o los medicamentos que obtuviste? ¿Es el hecho de que los que tenían mucha fe y tomaron el medicamento se curaron? ¿Por qué otras personas con la misma enfermedad no tienen el mismo resultado si han tomado la misma medicina? ¿O por qué funciona el efecto placebo en las personas?

Quiero pedirte, si conoces a alguien cercano, que hagas ese favor y le hagas que esa pregunta, pero al mismo tiempo, ayúdales a entender que es Dios quien lo permitió. Incluso la hoja de un árbol cae en el momento preciso, con la voluntad de Dios, el Creador. Con nosotros tiene que ser visible para que podamos creer. Es por eso que tenemos que dejar que las cosas sucedan por su propia voluntad, si tiene que ser, en la forma que es. Al así mismo, sucesivamente, las distancias entre un lugar y otro serán más cortas, ya que en la actualidad hay aviones. Ya no es como cuando los profetas enviados estaban en la tierra. La comunicación entre un lado del mundo y el otro ya no es tan larga. Usted puede ver y hablar con alguien en ese lugar sin esfuerzo. Es todo a causa de la fuerza de la energía debido a que no es un cable de un lugar directamente a otro. Antes, era a través de un ave mensajera que se enviaban mensajes

3 ¿QUÉ ES UNIFICADO?

Yo personalmente no sabía el verdadero significado de unificado. Mi primera pregunta de cómo unificado vino a mi mente como respuesta fue tratando de encontrar la verdad de Nuestro creador fue cuando le hice miles de preguntas que a mí me parecían imposibles de entender por yo sabía que nuestro creador nos amaba profundamente ... Pero entonces siendo de esta manera como es que él era tan injusto de darle la verdad de sus palabras a cierta cantidad de personas y dejar al resto del mundo perdido en una mentira, o por lo menos en lo que ellos o los otros creen ser verdad. Fue allí que le pregunte de Jesús si era verdad y de los demás profetas o si el de alguna manera se había comunicado con alguien después de Jesús o mando mensajes después de Jesús, porque mi mente no lograba entender nada   de nada porque dentro de mi savia que faltaba algo que yo no podía figurar cuando fue ese día que en un sueño mientras dormía se repitió la escena pero esta vez fue en mi sueño fue cuando él me dijo que la verdad es que todos somos uno. Y yo le pregunte como podemos ser solo uno si cuando veo por todos lados somos tantos, fue cuando él me explico en mis sueños, que todos formamos partes pero cuando vemos a el otro solo somos un reflejo de uno venimos de uno y fuimos formados de uno, y no por error pero apropósito estamos viviendo una ilusión de todo lo que vemos pero la verdad de todo, es lo que no vemos y esa es la prueba que tenemos que pasar para poder dominar nuestros sentidos con razonamiento y disfrutar del momento a momento, para mí fue bien complicado entender que solo somos uno pero desde ese momento cuando él me dijo eso en ese sueño yo empecé a pensar que si ese era solo un sueño o era más que un sueño porque para decir verdad era un sueño muy real no era un sueño regular porque todo ese día me la pase preguntado cómo eso podía ser posible, pero cuanto más preguntaba más me confirmaba que no era solo un sueño. Durante esa semana fue que me explico en la gráfica y luego tuve el deseo de comprar una biblia y el Torah porque ya tenía el Corán , por que empezaba a contarle a mis amistades que estaba pasando por que eran sueños muy inusuales pero cada vez que lo comentaba me decían eso está en La Biblia y otros eso está en El Corán o e incluso en El Torah sentí algo dentro de mí que tenía que confirmar todos mis sueños y las visiones que estaba viendo porque esto no era normal por lo menos normal a de lo que nosotros catalogamos ser normal, este libro fue echo como un rompe cabeza que no encontraba ni el principio ni el final del pero se fue dando simultáneamente hasta que solo fue tomando su propia forma del cual tenía que ser, por su propia voluntad.

Cuando estaba buscando cual era el significado de unificado fue uno infinitamente extenso: Es uno al principio siempre uno al final, de terminar de contar los números que quieras contar, que por mucho que tú te quieras dividir, independiente del cualquier número que quieras ser cuando quieres sacar el resultado de ti mismo. Matemáticamente hablando, cuando suponiendo que tú eres o crees ser el número 5 y quieres dividirte por igual, sigues siendo solo uno , ósea que cuando miras a otro solo estás viendo el reflejo de ti mismo, y por mucho que nos sigamos multiplicando solo somos el total de la multiplicación, pero dentro de nosotros mismos, seguimos siendo uno. Por ejemplo, cuando le pones un espejo a un gato y el pelea con el otro que ve en el espejo, pero no sabe que el otro gato que está viendo, solo es el reflejo de el mismo; no lo sabe por qué en ese momento él se está dejando llevar por lo que ve, solo eso, y aunque el cree que es otro. Así mismo, aunque te quieras dividir de los demás eres el mismo.

Si lo piensas, en todos los libros sagrados consta que fuimos hechos de uno (Nuestro creador) y de uno, (Adam) Dios saco al otra (Eva) Pero al mismos tiempo la unió a Adam como su pareja por vida, y luego nuestro creador dijo que nos multiplicáramos, no que nos dividiéramos de nosotros mismos, ni aun de Nuestro creador, porque cuando nos dividimos dentro de nosotros mismos, empieza la competencia dentro de ser mejores que todos y al mismo tiempo las envidias dentro de nosotros mismos, y cuando nos dividimos de nuestro creador y tratamos de hacer nuestras cosas por nuestra propia cuenta sin nuestro creador. Porque pensamos que no lo necesitamos es cuando comentemos muchos errores, es necesario que aprendamos a unirnos para poder aprender a vivir en armonía y que sepamos que el siempre esta con nosotros, que no estamos solos y que sepamos el verdadero propósito de nuestras vidas. Cuando estuve meditando con respecto a unificado, algo muy fuerte dentro de mí me dijo que tenía que buscar la traducción de unificado, en todos los idiomas y así lo hice, pero al final de mi búsqueda, me di cuenta que en unos idiomas significa uno. Seguí meditando y una vez más algo muy fuerte dentro de mí me insistió. Y dijo que tenía que encontrar lo que significaba unificado matemáticamente. Seguí haciendo mis estudios; encontré este reporte que quisiera compartir. Para muchas personas ese algo que

Nos habla dentro de uno mismo, es nuestro subconsciente, para otros es tu yo interno. Para mí cuando medito, siento que es Dios quien me habla, no ignoremos esa voz, independientemente de lo que creas que es, porque cuando Dios te quiere hablar no necesitas ser profeta.

UNIFY

4 GRAFICA DE UNIFICADO

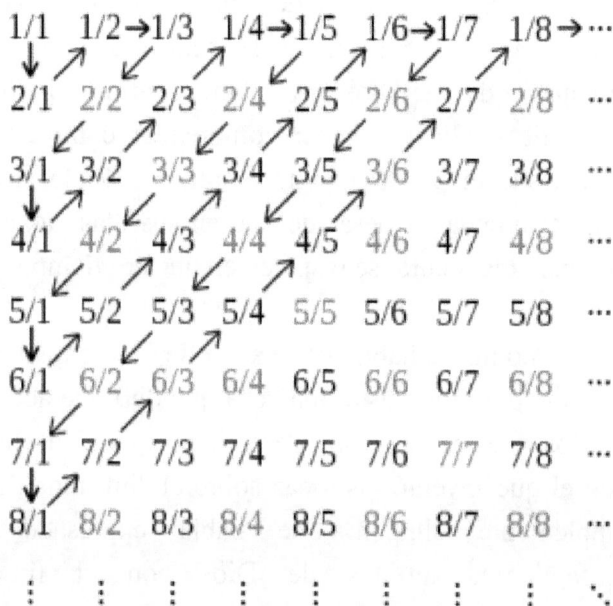

$$
\begin{array}{cccccccc}
1/1 & 1/2 \rightarrow 1/3 & 1/4 \rightarrow 1/5 & 1/6 \rightarrow 1/7 & 1/8 \rightarrow \cdots \\
2/1 & 2/2 & 2/3 & 2/4 & 2/5 & 2/6 & 2/7 & 2/8 & \cdots \\
3/1 & 3/2 & 3/3 & 3/4 & 3/5 & 3/6 & 3/7 & 3/8 & \cdots \\
4/1 & 4/2 & 4/3 & 4/4 & 4/5 & 4/6 & 4/7 & 4/8 & \cdots \\
5/1 & 5/2 & 5/3 & 5/4 & 5/5 & 5/6 & 5/7 & 5/8 & \cdots \\
6/1 & 6/2 & 6/3 & 6/4 & 6/5 & 6/6 & 6/7 & 6/8 & \cdots \\
7/1 & 7/2 & 7/3 & 7/4 & 7/5 & 7/6 & 7/7 & 7/8 & \cdots \\
8/1 & 8/2 & 8/3 & 8/4 & 8/5 & 8/6 & 8/7 & 8/8 & \cdots \\
\vdots & \vdots & \vdots & \vdots & \vdots & \vdots & \vdots & \vdots & \ddots
\end{array}
$$

Cantor es la persona en el registro que presentó la idea de un número infinito. En la gráfica, nos muestra que no hay un número infinito, o que ningún número es más grande que el otro. Según su biografía, murió poco antes de que terminara la Primera Guerra Mundial. En ese momento, todas las ideas de Georg Cantor sonaban locas, nadie le creyó porque no tenía sentido para ninguno de ellos. Su idea era que el infinito dividido por cualquier número sigue siendo infinito, no importa el número. Algunas personas le creyeron y pensaron que no estaba loco, pero otros, que cuestionaron, pensaban que estaba loco. Creo que de su frustración, al no poder comunicar de verdad lo que había en su corazón, él se deprimió. Llegó a la conclusión de que Dios es el número infinito, pero era difícil de explicar y hacer comprender cómo somos uno, desde el primero hasta el último, desde el alfa hasta el omega. A pesar de que en sus días sus ideas parecían una locura, se respetan en nuestro tiempo.

Yo nunca había oído hablar de Georg Cantor en mi vida, pero me gustó una cosa que dijo. De acuerdo con los que le rodeaban, Cantor dijo que él no había sido el que inventó las ideas sobre el "infinito ", sino simplemente alguien que había expresado los pensamientos íntimos de Dios con el fin de comunicarse con el resto de nosotros.

Cuando leí esto de Cantor, no podía estar más de acuerdo porque tenía la misma sensación. Me enteré de que no somos más que los descubridores de lo que está aquí, creado por Dios para que nosotros lo descubramos. No descubrimos muchas cosas porque estamos demasiado ocupados con nuestras vidas, con otras cosas, pero cuando aprendemos a meditar allí es donde se encuentra el genio en nosotros que nos da todas las respuestas que buscamos. Lo malo que hacemos es querer ser dueño de cada palabra, cada frase, porque pensamos que somos los únicos que han hablado esa frase específica. Queremos que se nos pidan permiso o necesitamos permiso para referirnos a alguien que dijo eso antes. Sin embargo, si sólo pensamos, ¿cuándo se inventó la tinta para escribir? Puedo apostar que alguien dijo la misma frase hace mil años, pero que simplemente no se tiene la capacidad de volver atrás en el tiempo y realmente dar crédito a quien lo dijo primero. Me doy cuenta de que no somos genios, pero hay un genio en nosotros, nuestro Creador.

En este caso voy a tratar de explicar esta gráfica. ¿Qué es Unificado? ¿Entiendes? Es la expresión que Dios usó cuando nos creó. Él creó uno tras otro. En otras palabras, Adán era uno y de aquel creó a Eva. Más tarde, nos dijo que nos multiplicáramos, pero no que nos dividiéramos. A pesar de que ahora somos muchos, nunca dejaremos de ser uno porque somos el reflejo del uno al otro. El último mandamiento de Dios fue, según la Biblia, dicho por Jesús. Se nos dijo que nos amáramos unos a otros porque hemos sido creados el uno del otro.

¿Quieres creer que tu puedes ser uno y los demás tú? ¿Quién es uno y el otro ? Eres tu quien está en el otro lado del espejo. Por eso, cuando ves a alguien que necesita ayuda, no debes esperar a que alguien más haga tu deber. Nadie va a hacer nada, o al menos vas a dejar de ser uno y serás una parte del otro, el que no le importa para nada. Vas a ser una parte del que siempre se espera de alguien más para que cumplan sus responsabilidades por él. ¡Tienes que vivir el momento para que puedas ayudar a la persona que está a tu lado cuando te necesita!

Yo estaba viendo las noticias de hoy y había un coche en llamas. Cuando llegó la policía, se dieron cuenta de que había una mujer en el interior. Me di cuenta de que había gente alrededor, incluso antes de que llegara la policía. Mi pregunta es, si estaban allí antes de que llegara la policía, ¿por qué esperaron a que la policía llegara y no les ayudaron ellos mismos? Recuerda que este mundo es tuyo y de los demás, pero el otro siempre se refleja en ti. Cuando tú veas a tu reflejo en el otro, pregúntate: ¿Me gusta lo que realmente soy? Si lo permites, tu ego va a buscar excusas, pero si no, tú no las necesitas para sentir tu alma a gusto. En este caso, en lugar de juzgar al otro, sentirías compasión por él.

Esta grafica explica cómo uno fue tomado del otro y la forma en que comenzaron a multiplicarse a partir de dos en tres y cómo continuamos multiplicando y reflejándonos en nuestro interior, de esquina a esquina , o como quieras llamarlo. De distancia a distancia, no importa si la distancia es corta o larga entre unos y otros; seguimos siendo el mismo, el reflejo de nosotros mismos. Ni la distancia, ni el color que tengamos ahora importa, siempre vamos a seguir siendo uno. Es por eso que la ciencia sabe ahora que somos tan iguales y que a pesar de que nos parecemos, a través del ADN somos uno. Somos únicos; no hay uno exactamente el mismo que el otro. Somos uno, como él nos ha creado desde el principio. Incluso si tratamos de perdernos dentro de una multitud, nuestro ADN sigue siendo una. Somos una parte de lo que hay por venir, de lo que es la comprensión, de lo que es la unificación porque nosotros venimos de uno, creado por uno, si queremos creer o no, lo entendamos o no, sólo de uno, Nuestro Creador, que creó todas las cosas en esta tierra desde el principio. Y sé que, de alguna manera, hay un lugar para todo lo que tiene que estar en orden para que esto ocurra.

5 EN MI SUENO

Un día pensé, Dios mío, ¿Que es la tierra? es aquí la vida eterna o es en otro lado, pero ahora entiendo que aquí solo es una vida pasajera. Ahora se que lo que nuestro creador, quiere realmente es que nos sometamos a sus deseos, para poder llevar una vida mas en orden, por que ya me di cuenta que no somos tan inteligentes como pensamos, para llevar una vida sin el. Como muchas cosas en los libros sagrados que el dejo, hay mucho que no tiene sentido, por lógica cuesta creer que la unificación se lleve a cabo, por que creemos mas que el problema global es una cuestión de política y estamos tratando de solucionar, en algo externo en términos políticos con lo que ya se esta viendo.

Pero para decir verdad el problema global no es

un problema político, si no espiritual y la solución es la unificación en fe, en espíritu con amor, no con odio, ni con guerra por que como todos somos una gran familia humana, y como familia, ¿ como creemos que es la mejor forma de solucionar nuestros problemas?, si no es con nuestro creador, con fe, con amor y compasión con perdón, dedicación, compromiso, lealtad, con perseverancia hasta el ultimo día de nuestras vidas, para que los que nos siguen tengan un patrón de vida, no de acuerdo a la sociedad que esta mas confundida que nunca, sino con nuestro Creador como guía en todo.

Si nos basamos en nuestra sociedad, piensa... es por eso que siguen cambiando las leyes constante mente, por que si ellos son los guías, están perdidos no saben cual funciona o cual no; al igual que con la medicina y la ciencia en general, es por eso que nuestros cuerpos y mentes ya están intoxicados de todo lo artificial, por que siempre queremos hacer las cosas nosotros con la ciencia y por nuestras propias leyes y no con nuestro creador.

Cuando empecé a hacer este libro fue un impulso tan grande que no podía ni concentrarme en mi trabajo regular, sabia que tenia que escribirlo, pero cuando decidí hacerlo fue todo tan rápido, que en dos semanas escribí 50 paginas.

Durante ese tiempo tuve muchos sueños pero en uno de ellos estuve diciéndole a nuestro creador que necesitaba saber la verdad por medio de el por que yo estaba confundida. Recuerdo ese día que fui a trabajar un compañero de trabajo me empezó a hablar de de Dios y que viniera a su iglesia, mi respuesta fue, todos me dicen lo mismo en todas las iglesias o congregaciones, mi respuesta a mi compañero de trabajo fue, yo ya no quiero oírlo de nadie mas quiero que Dios me diga cual es la verdad, le conteste quiero oírlo de el mismo, ya no de nadie mas por que ya estaba intoxicada de lo que yo creía la verdad y no sabia si lo era, y en verdad ya sentía que me había formado un eco de todos, con todas las verdades de todos los que se habían formado su propia verdad, de lo que ellos creían era su verdad y que a su vez creían que los otros no estaban diciendo la verdad; fue en ese día que tuve ese sueño, cuando le pregunte a nuestro creador que cual era la verdad de todo por que encontraba mucha discrepancia dentro de la biblia y El Curan, le pregunte que quien estaba diciendo la verdad y fue cuando me dijo que todos somos uno, que solo somos un reflejo de todos, al vernos multiplicados, pero para el, seguimos siendo uno.

Ahora entiendo que nosotros mismo nos hemos dividido mentalmente, cuando todos sabemos que solo somos el resultado total de la multiplicación, y que provenimos de uno, por que el, pudo creador a dos, para nuestro creador no era gran cosa crear a Eva de la misma forma que creo a Adán, pero entonces en nos hubiera separado como individuales y no hubiéramos sido parte de el otro ni un reflejo del otro, y somos y seguiremos siendo parte de ese uno, hasta que regresemos a ese Único creador. Dios, (1) quien nos creo; Yo le dije que por que se había tardado tanto en hablarnos, y el me dijo que nos ha hablado muchas veces a todos, mas que en todos las formas que nos a dado como explicación, sabemos que es cierto, pero cuando viene el momento de digerir la verdad nos cuesta entender.

Le pregunte: ¿por que se había tardado tanto en hablarnos? Si esto era muy importante me dijo que esto no era nada nuevo, que el constantemente nos esta hablando a todos pero lo ignoramos, me dijo, muchas veces mande a los pájaros para distraerlos y enseñarles que linda es la naturaleza. Pero hasta ellos están siendo ignorados junto a toda la naturaleza que mande para embellecer la tierra.

Ese sueño fue muy triste, desperté llorando por que por primera vez escuche su voz casi llorando, en ese día le pregunte que si los milagros realmente existen en la tierra y me dijo, en donde tu crees que han pasado todas las cosas bellas, de las cuales se habla en todos los libros sagrados, yo respondí, aquí, por supuesto que aquí, y me contesto que siguen pasando, pero como estamos tan ocupados en tantas cosas materiales, que tendemos a ignóralas y encontrarles lógica, esa noche yo estaba muy confundida por que no sabia si estaba viva o muerta, o si estaba sonando, o si había perdido el razonamiento por muchas cosas que experimenté durante esa semana, cosas que me pasaron que hasta hoy en día no tengo explicación lógica y fue por eso que le pedí a Dios nuestro creador que por favor me dijera quien era, por que yo no quería nada que ver con nadie mas que con el, le dije que si los espíritus existen no me daban miedo, pero no me interesaba tener ninguna comunicación con nadie, solo con Dios el que creo el mundo.

Y en mi sueño me dijo y me hizo repetir toda una noche sin parar, toda la noche estuve pronunciado lo mismo, que el es Dios todo poderoso, por que el tiene todo el poder, nuestro creador por que el nos creo, nuestro proveedor por que el nos provee con todo a todos. Y ahora entiendo que el es la única verdad, todo lo que creemos tener es solo una ilusión que se queda cuando nuestra vida temporal expira. En otras palabras que lo que aquí creemos que es real, no lo es, todos los pasos que damos son pruebas de las cuales tenemos que caminar, derechos con pasos firmes, haciendo no lo que parece correcto, si no lo que es correcto , por que si no es así, nosotros mismo nos estamos cerrando las puertas con nuestras propias manos, por que el, ve lo que uno hace como persona que cree hacer el bien mas Allá, de lo que aparenta ser en la intención real, de la cual se esta haciendo, lo que estemos haciendo, y la intención no es escogida por nosotros, porque muchas veces, hasta eso hacemos tratamos, de hacer creer a la gente y hasta a nosotros mismos, cual es la intención de lo que estamos haciendo, pero el conoce nuestras mentes, y si las intenciones son otras, cuando estamos haciendo creer lo contrario, el sabe la verdad de nuestros corazones. Lo que entendí después de haber escrito este párrafo es: No tratemos de negociar con el, de convencerlo de algo que el sabe por seguro, que es la verdadera intención y tratar de hacerle creer otra cosa por que vamos a perder la única forma de ganar con el, para eso tenemos que hacer las cosas con honestidad, de frente sin tratar de cubrir nada

6 PROPOSITO DE LA VIDA

Recientemente me di cuenta que todo lo que debemos ser, lo traemos ya dentro de nosotros y la razón por la cual somos lo que somos, sin ningún error, todo a la perfección de Dios. Estuve viendo el video de Nick Vujicic en YouTube que realmente él explica del como el encontró el propósito de su vida y aunque a los ojos de los demás, él no es un hombre perfecto. Si lo es para los ojos de nuestro Creador, él pudo descubrir su propósito de vida a tiempo, y es lo que es, a la perfección de lo que él fue destinado para la lección de vida que el vino a enseñarnos.

He observado que somos una especie de regalo para servir a otros con nuestra especialidad, algo que es único en nosotros, en la cual nos permite ser y compartir nuestro ser. Y si hay un intercambio de valor, si se le puede llamar así, a el dinero por el servicio que nosotros mismos le hemos dado a ese trabajo o servicio que por muy poco, o mucho, o nada que cobremos no deja de ser un servicio, que no es más, o mejor, o menos que los demás servicios que obtenemos de todos, porque el dinero que estamos obteniendo es en verdad solo una ilusión a nuestros ojos solo eso.

Porque por mucho dinero que queramos acumular para gastar solo podemos gastar cierta cantidad, no más que eso por falta de tiempo o por falta de salud, porque aunque hayamos acumulado tanto dinero, del cual podemos comer los mejores manjares, por falta de salud no podemos, y si en muchas ocasiones tenemos el dinero que antes no teníamos y ahora que logramos tener el dinero no tenemos la salud para comer todo lo que deseábamos cuando no teníamos dinero.

Sin más ni menos, somos como cuando nosotros descubrirnos la computadora, que tiene muchos beneficios que cada parte de ella tiene una razón de ser pero puedes usarla a su límite, utilizando en el buen sentido de la palabra o usando todos los beneficios en una forma errónea.... para beneficiar a todos con todo lo que es y tiene muy buenas propiedades y fue hecha por una razón de ser, pero si se hizo y no es utilizada y solo se guarda

No beneficia a nadie, o si solo se utiliza para el mal no está dando un buen beneficio a nadie, solo pasara inadvertida, sin razón de ser. En otras palabras, tienes todo lo que tienes para lo que quieres ser y los pensamientos que tienes no son casualidad, son magia Divina de nuestro creador diciéndote," se tu porque para eso te hice". Como todo tiene un propósito de ser, el cual necesitas descubrir en ti. En este momento tuve que suplicarme a mí misma re encontrarme, para cambiar ese camino del que ibas sin destino sin propósito tenía que saber cómo recuperar esa magia que había en mí, como regresar a mí. Y aunque para decir verdad en como un viaje del cual te despiertas diario para llegar a esa meta, del cual todos los días tratas de llegar pero algunos días eres más efectivo que otros, pero es el camino en el cual tenemos que ser persistentes para poder llegar a la meta final.

EL DESPERTAR

a) En mi experiencia, tuve el impulso de encontrarme.

b) Me sentí satisfecha con todo lo que tenía .

c) Tenía la sensación de que había algo más de lo que estaba viendo .

d) Tenía la sensación de que nada más que eso importaba. Era tan importante como tomar la siguiente respiración. Más tarde, cuando empecé a meditar, sentí una alegría incomparable en mi corazón, algo que nunca había experimentado con cualquier cosa en mi vida.

e) empecé a soñar las respuestas a mis preguntas.

f) Empecé a escuchar en mi meditación. Era como si alguien estaba susurrando en mi oído la respuesta a cada pregunta que le hice. Era algo así como cuando estás en un salón de clases y haces una pregunta, y si se haces la pregunta es porque no sabes la respuesta. Sin embargo, la respuesta fue dada de una manera muy específica e inteligente que yo no podría haber respondido a mí mismo. Yo estaba muy emocionada, haciendo las preguntas porque las respuestas eran muy satisfactorias. Para mí, tiene sentido completo.

ÁREAS QUE NUESTRO CREADOR PUEDE AYUDARTE A MEJORAR:

1) Sin darnos cuenta, vamos a empezar a pensar de una manera diferente. Vamos a ser menos crítico. En mi experiencia, yo estaba más en juzgar el momento o al menos criticar lo que no me gustaba de lo que estaba ocurriendo. Aprendí a aceptar las cosas que cada

momento trae en una mejor perspectiva.

2) Vamos a ser más pacientes. Antes, yo quería las cosas al instante, pero he aprendido a ser más paciente y aprender de cada momento, de que es un momento que está a punto de cambiar.

3) Vamos a ser más amorosos. Antes, porque yo estaba viendo las cosas en un ángulo diferente, lo único en que solía concentrarme era en lo que no me gusta de ese momento. Ahora, aprendí a amar el momento y al hacer eso, aprendí a ver la manera positiva.

4) Vamos a ser más fieles. He aprendido que no todo depende de mí, porque yo no tengo la capacidad de hacer nada sin nuestro Creador. Saber que está en mí y que él conoce mis necesidades al igual que él conoce las tuyas y las de cualquier otra persona me hace sentirme tranquila.

5) Vamos a ser más compasivos. Antes, yo no sabía que su espíritu estaba en todo el mundo. Ahora que sé que su Espíritu está en todos nosotros, y yo veo a alguien que tiene una dificultad, siento compasión.
Siento que ahora que he aprendido lo que nuestro Creador es y dónde está, no me siento sola nunca más. Siento que él es la solución a todos mis problemas.

Cuanto antes te entregues a Dios y permitas que él entre en tu vida, más fácil será para ti.

USTED PUEDE HACER LA DIFERENCIA EN CUALQUIER EDAD TIEMPO PORQUE NO EXISTE

Puedes sentirte restringido debido a tu edad, pero debes saber que el tiempo no existe. Cuando Dios quiere darte algo, el tiempo no importa. El tiempo no importa en el ejemplo de la señora que estaba en sus 80 años y tuvo su primer hijo. Esto no sólo ocurrió en los tiempos de la Biblia, pero sucedió recientemente. Si tu piensas que es tarde, sólo recuerda lo tarde que era para Lázaro después de cuatro días de estar muerto.

No tengas miedo si tu llamada no tiene sentido para los demás, porque a quien tiene que tener sentido es a ti. Sobre todo cuando sabes que el cumplimiento de tus sueños te hará sentirte completa y satisfecha. A veces parecerá como si estuvieras caminando en sentido contrario de donde están los demás. En otras palabras, cuando se van a la izquierda, tú estás caminando a la derecha. Como siempre con que sepas que la derecha es el camino, tu debes seguir tu camino. Al igual que en el caso de Jesús, algunas personas pensaron que estaba escuchando el mal o en el caso de Noé, muy poca gente le creyó. Siempre y cuando sepas en tu corazón que estás diciendo la verdad a ti mismo y para los demás, no hace falta que cambies la perspectiva de los demás, porque la verdad caerá por su propio peso.

"La mayor tragedia de la vida no es la muerte, sino la vida sin un propósito. " -Myles Munroe

Muchos son los planes en el corazón de una persona, sino que es el propósito del Señor que prevalece. Proverbios 19:21 (NVI)

Yo estaba leyendo el Corán y había una línea que yo amaba. Era que Dios está en control de todos y cada uno.

Cuando me enteré de eso, fue fácil para mí saber que no hay riesgos involucrados sabiendo que si sólo confías en cualquier momento dado, sin temer, estás en un buen camino, porque Dios es la energía de todos.

7 UNIFICADO

Hace mucho tiempo, yo no recuerdo exactamente cuándo para ser honesta, pero más o menos como 20 años, tuve un sueño, un sueño raro y muy claro, tan claro que tan pronto me desperté se lo tuve que contar a mi esposo, pero dentro de ese sueño había una palabra en inglés, en ese tiempo empezaba a aprender el idioma ingles pero mi esposo si lo hablaba y lo escribía. La palabra era Unificado que en inglés es (Unify) y mi esposo sin buscar en el diccionario me dijo que la traducción era como unión, pero yo le dije que no lo era, porque unión es lo mismo en español, y luego me dijo reunión y yo le dije que tampoco porque reunión era lo mismo también en español tanto como en inglés, pero fue algo que llamo mucho mi atención, porque estaba observando que cada persona que salía de ahí, salía con diferente forma de pensar, físicamente no le pasaba nada, pero cuando decidí preguntarle a una de ellas, pude observar en el justo momento que hablábamos, que ya no hablaba igual, que hasta se notaba en su timbre de voz ,pues ya era más en armonía, más en paz, más tranquila para empezar, y cuando hablaba con esa persona ya era más comprensiva, más cariñosa, más bondadosa y nada arrogante, eso fue lo que pude observar. A simple vista estaba tan curiosa con el hecho, de que no solo que algo ocurría cuando la gente salía de ahí, sino también cuanta gente quería entrar, que estaba dispuesta a hacer esa larga línea para lograrlo, dentro de mi sueño decidí preguntarle a esta persona, que justo estaba saliendo del lugar, para que esa línea tan larga? Su repuesta fue que en ese lugar eran unificados, pues el fin del mundo venia, que nadie sabía exactamente cuándo seria. Pero que antes que esto sucediera, será necesario que estuviéramos unificados, y para eso ella había entrado ahí, para ser unificada. Fue algo raro para mí, pues no se trataba de una congregación religiosa como normalmente las hay, y mucha gente va

A un lugar de esos, pero se trataba de Dios. Algo muy espiritual, pero en ese preciso momento que ella me termino de explicar, yo desperté del sueño y se lo conté a mi esposo, como muchos otros sueños que he tenido en mi vida, normalmente, como todos mundo lo hace, no le puse atención, aunque ese sueño siempre estuvo presente en mi mente, y que de vez en cuando me acordaba específicamente cuando escuchaba a la gente hablar del fin del mundo, siempre recordaba de este sueño tan raro que tuve, que nunca tuvo ningún sentido para mí y de eso hace mucho, no se cuánto exactamente para ser honesta, pero si más o menos 20 años porque aun mi experiencia en el idioma ingles era muy precaria, y aun no había nacido mi primer hijo y el ahora ya tiene 13 años, yo estoy segura que hay sueños que todos tenemos y que pronto olvidamos, pero hay unos que por alguna razón quedan gravados en nuestras mentes, si tomas un momento y piensas te acordaras de algún sueño preciso que habrás tenido, del que hace mucho tiempo no pensabas, yo creo que este sueño nunca se me olvido por su contenido tan impactante " fin del mundo" como también esa palabra "unificación", durante mi vida he pasado por muy bonitos momentos, como en los que dudo en levantarme y casi me quedo viviendo ahí, pero no quiero hablar de mi en este libro, aunque es el primero que escribo en mi vida. Este libro no se trata de mi… es raro no se trata de mi pero al mismo tiempo lo es, pero no solo de mí, más bien de todos en uno con nuestro creador, como al principio de nuestra creación.

Me he dado cuenta recientemente, después de todas las experiencias vividas, algunas bonitas algunas muy tristes, algunas de odio, algunas de resentimiento, algunas de envidia, algunas de éxito y otras de fracaso, algunas de egoísmo, como algunas de salud, otras de enfermedad, algunas de abundancia, y otras de secases, algunas de liberación, muchas otras de abstinencia, algunas de incertidumbre, y en una mayoría, de búsqueda de fe. Pero al final del todo esto, he llegado a la conclusión que todas esas etapas que pasamos, son tan necesarias que si no las tuviésemos, todo esto no se llamara vida, experiencias vividas que todas ellas comienzan con nuestros pensamientos, y luego lo sentimos para después atraerlas por nuestra negatividad, o fe, siendo positivos y luego lo actuamos y lo vivimos, como una secuencia de muchos pequeños momentos , casi como una película antigua, de las cuales se tenía que dar vuelta a la cinta para continuar viéndola, segundo a segundo toda una vida, siempre estuvo en mi mente hacer un libro , pero no tenía idea, porque tenía que hacerlo, no sabría de qué hablar, ya todo estaba dicho, todo era lógico para todos pero a la vez no tenía sentido. Porque a este punto, todo ya se ha discutido anteriormente.

Deje que el tiempo pasara, sin experimentar nada fuera de lo normal, nada de lo ya vivido y experimentado por todos de los que ya vivieron antes que yo. Hasta que recientemente esa palabra de mi sueño volvió a mi mente. Y esta vez es tan penetrante que no puedo vivir con ello sin hacerlo saber al mundo, porque en este momento siento que es una necesidad que todos tenemos, sin distinción de Raza, religión, estatus social o edad; después de todo Somos una familia. La familia de Adán y Eva, una familia disfuncional. Que se ha dividido por falta de fe, de amor y respeto. Pero dentro de nosotros todo esto ha sido subdividido, por nosotros que hasta el día de hoy nosotros seguimos sub.-dividiéndonos por razas y fronteras, y olvidamos que Dios creo uno , un hombre y luego de la costilla de él, una mujer y un techo para ellos, no varios techos o mundos o como le queramos llamar, y así todas las cosas, hasta la palabra imposible ha sido creada en nuestra mente, no pretendo, que lo que escribo en este libro necesariamente todos lo deben de creer, ni que lo dejen de creer, pero si es necesario que lo cuestionen.

Este libro es como un nuevo sabor de dulce, que acaba de salir al mercado, con los sabores que ya existen, nada nuevo, que será gratis para algunos, mas sin embargo a otros les gustara tanto que estarán de acuerdo pagar el doble, para que sea otorgado a otros que no pueden comprarlo. Que se te ofrece para que lo pruebes, algunos no querrán ni mirarlo, aunque sea gratis, otros pedirán probarlo y decir me gusta o otros dirán no es fuera de lo común, pero lo que si te aseguro como otras cosas que te han ofrecido y que has probado, que no podrás decir que sabor que tiene si no lo pruebas. Hablo del sabor de la fe, que nadie puede probar por ti, es similar al momento en que te sientes mal, y alguien se acerca y te dice "lo siento por ti", pero realmente no es así, porque solo tú puedes sentir dentro de ti en ese momento. Porque la fe no la puedes comprar, ni vender, ni prestar, o sentir por otros, es algo muy personal, este libro estuvo in mi mente, el cuestionamiento de cómo escribirlo, y de qué manera explicarlo. Porque su único fin es la unificación, pues Dios nos ama a todos por igual, él no podría crear algo solo para beneficiar a unos, que pasa con los otros cuando el mismo quiere que nos amemos los unos a los otros, porque esas son las dos partes que formo, el uno como el otro desde el principio.

En muchas ocasiones me pregunte: Dios mío, como quieres que seamos unificados, si hasta en nivel de marido y mujer cuesta o a nivel familiar, como va a ser posible unificar a un mundo, cuando es tan difícil unificar a una familia, a un pueblo a una nación y ahora el mundo. Cuando todos nosotros tenemos nuestras religiones o nuestras diferentes formas de pensar y por eso mismo tenemos nuestras peleas diarias como familia, como parejas, como naciones, como religiones, como puede ser posible que una palabra pueda ser tan posible o imposible al mismo tiempo. Si lo piensas un poco, dentro de una misma familia existen muchas personas, las cuales escogen su propia religión y cada una piensa que su religión es la mejor, la que lo va a llevar a la salvación y están tan seguros, que algunos están dispuestos a morir por ella y tanto es así, que quieren que cada uno de sus familiares se una a su religión para ser salvados, porque consideran o más bien dicho dan por hecho, que si no lo hacen no serán salvados, pero todos por igual tiene la misma preocupación y mientras tanto siguen donde mismo intentando transmitir lo que sienten a sus allegados, y están tan ansiosos, que a nivel mundial se ha puesto una barrera, que hablar de religión tanto como de política es un tabú, para evitar discusiones, y guerras entre sí.

Al final de todo, tú puedes seguir cada paso de la religión en la cual estés pero si no te comprometes con Dios en fe y a sus mandatos, en realidad no sirve de nada tu actuación. Porque el ve tu honestidad y tu intención no lo que haces, en el buen sentido de la palabra todo viene de él. Y por lo tanto cuando he estado pensando que es imposible unificar, solo he estado pensando en el poder humano, pero si pienso en el poder divino, concluyo que para nuestro creador nada es imposible, porque unificación no depende de mí personal mente si no de nuestro creador y pensado de esa manera si es posible, y es posible con amor no con odio, y nuestro creador es eso... amor. Sabiendo esto me hace sentir bien, saber que tu nuestro creador estas en control y que confiando en ti nuestro creador me siento bien.

UNIFY

8 EL NACIMIENTO DE JESUS

Pido perdón a Nuestro creador por sobre todas las cosas que si hay algo en este libro que lo ofende que me perdone, y que me guie para que en este libro para poder saber la verdad solo de nuestro creador y proveedor porque de él se originó todo y a el regresaremos. Porque después de todo solo soy una de ellos de los cuales tienen más preguntas que respuestas. Porque por mucho que queramos saber, es el quien tiene todas las repuestas de todo. No tenemos la capacidad de cambiar el pasado, cuando apenas tenemos la capacidad de controlar y disfrutar nuestro presente, y tampoco podemos predecir en futuro, porque eso solo está en manos de nuestro creador.

Recientemente he estado leyendo toda clase de libros, desde libros motivacionales como espirituales, desde el Torah, hasta el Nuevo testamento de la Biblia, como el Corán y se que en el momento, que entre más leo, más me doy cuenta que menos se, y tal vez nunca voy a terminar de saber. Dentro de las preguntas que tuve hacia Dios en meditación, fue la pregunta que muchos nos hacemos en base a religión y de la cual todos creemos saber. ¿Es Jesús es en realidad el hijo de Dios? Como todos aseguran saber la verdad, yo tome mi tiempo y lo leí en el Nuevo testamento de la Biblia y así también en el Corán, porque dentro de nosotros siempre hemos tenido esta pregunta. Cuando estuve leyendo para mi sorpresa decía lo mismo, exactamente lo mismo, de la forma como el ángel Gabriel le hablo a María y de forma como María se embarazo por obra del espiritu santo y de la forma en que Jesús nació, no solo eso, pero lo que más me preguntaba hasta ese momento, era como podía ser posible? que si en el Corán se dice tanto como la Biblia de igual manera , y si ambos son considerados como los libros sagrados de Dios por que habrían a tener ese contraste, y luego después de leer todo esto mi pregunta estaba más fuerte que nunca, porque la gente se contradice tanto en una cosa como la otra, cuando en los dos libros dice exactamente lo mismo, y le pedí a Dios que por favor me lo explicara, porque cuando yo le preguntaba a diferentes personas de cada religión, su respuesta sería diferente pero ninguna era satisfactoria para mí, hasta que esa mañana le pedí a

Dios en meditación, que me diera un mensaje, últimamente he estado leyendo la Biblia, el Corán y el Torah, con la intención de confirmar mis sueños y las preguntas que han sido contestadas en diferentes formas encontrar y entender todo para mi propio beneficio porque sé que hay muchas personas dicen que la Biblia ha sido alterada al ser traducida en diferentes idiomas y otros dicen que las alteraciones fueron hechas a propósito. En mi opinión. Como podemos saber que partes son esas?, si no nos tomamos el tiempo de investigar nosotros mismos, siempre esperamos que otros lo hagan por nosotros, como todo lo demás, como podemos saber quién tiene la razón y quien no, si siempre queremos todo listo ya, sin tomarnos el tiempo y analizar por nosotros mismos, porque en el Corán está escrito que tenemos que leer por nosotros mismos para poder tener más sabiduría, y también se dice que el Torah y la Biblia son los libros sagrados, como el Curan, que cada uno fue escrito en el momento en el cual nuestro creador lo decidió, por que todo lo que pasa aquí, pasa por su voluntad, que hasta la hoja de un árbol cae en el momento preciso. Pero yo misma pude entender cosas que antes no tenía ni la mínima idea, pero en la misma biblia se dice que cuando tú quieres respuestas en te revela la verdad, y por qué si aún allí lo dice porque cuando pasa nos cuesta créelo. Y hasta cierto punto lo entiendo por qué si a mí no me hubiera ocurrido todo lo que he vivido tampoco creerá tan fácil mente que, lógicamente todas las preguntas y dudas que yo tenía hacia nuestro creador en todo lo que yo sentía dentro de mí me llevo a lo que ahora se y por todo lo que he visto que hasta a mí que lo viví me cuesta creerlo. Y ahora que yo sé lo que se estoy completamente segura que a como me paso a mi te puede suceder a ti, porque a decir verdad, yo no soy nada especial ni peor ni mejor que tú en todo el sentido de la palabra soy tu reflejo.

En su momento, también en el Corán claramente específico en Sura 12 José Número 111, El Corán No es un relato inventado, si no la corroboración de los anteriores libros y la explicación de todos los preceptos. Es guía y misericordia para los creyentes. Ese día que decidí leerlo   solo abrí una página al lazar sin comenzar por la pagina primera y en esa página estaba la respuesta del por qué los musulmanes han tenido esta controversia por años, si lo buscan está en la introducción a la Sura 3 Ali Irmán (La Familia De Irmán en el Curan, Numero 59 el caso (del nacimiento) de Jesús es, ante Dios, similar al de Adán, a quien creo de la tierra; luego le ordeno: Se, y fue. Ahora la controversia es porque yo pienso todos tienen razón y al mismo tiempo no, es de la forma en que quiera ser percibido, La razón por la que en el Corán se dice que nuestro creador no considera a Jesús o a ninguno de nosotros como hijos es porque somos su creación y como su creación el amor que nos tiene, es mucho más grande que el amor de un padre, no es una comparación de manzanas con manzanas porque su amor es una medida sin límite, por que como padres aun que nosotros decimos que adoramos a nuestros, hijos muchas veces les fallamos y él nunca nos ha fallado.

Los que fallamos somos nosotros al torturarnos a nosotros mismos y no confiar en él, Porque irrelevantemente, le pertenecemos a él, no importa en donde estemos parados y quienes somos o si creemos o confiamos en el o no indiscriminadamente. Pongámoslo de esta manera, si en el Corán tanto como en la Biblia esta detalladamente escrito igual, porque es percibido diferente, es porque: (por un momento medita… piensa), no te pido que me des la razón o que lo creas, si no toma ningún sentido, después de todo yo no estoy escribiendo este libro para tener la razón, porque este no es el propósito primordial, porque no se trata de mi sola sino que también formo parte del como su creación. El propósito en sí, es que te descubras a ti mismo y que descubras tu eres "Unificado" y tu conexión con Dios, desde donde estas para que puedas ver esa unificación del cual fue el Inicio, de cuando todo nuestro alrededor fue creado. Como dice en, La Biblia. Si cuando las persona le preguntaron a Jesús quien es tu padre si él hubiera dicho mi padre es José, Jesús hubiera mentido, porque eso no es cierto, porque María no tenía relaciones íntimas con José, para quedar embarazada, ahora piensa en la respuesta de Jesús, si él hubiera respondido mi padre es otro, cualquier otro nombre que se le hubiera ocurrido en ese momento decir. Hubiera mentido también, según el nuevo testamento, en la Biblia, su respuesta fue, Dios el todo poderoso el padre de todos el Creador de todo, porque esa era su verdad en la forma en que él fue creado, pero sabiendo que fue por obra del espíritu santo.

Porque para nosotros los humanos todo debe que tener lógica, para tener sentido, o sea, todo hijo debe tener un papá y una mama, porque no nos ponemos a pensar ¿cómo creo Dios a Adán? Dios lo creo sin padre ni madre. Eso quiere decir que Adán es huérfano, Dios lo creo de barro, y con un soplo le dio la vida. Y él ha dicho, polvo eres y polvo serás, en este caso ¿quién es el papa y la mama de Adán? Porque después de todo, Dios puede hacer lo que él quiera con su mundo, ¿por qué? Simplemente, porque él tiene el poder y nosotros no, o como Dios pudo sacar a una mujer de un hombre o sea como puede nacer alguien de un hombre digo (Eva de Adán) y lo que es más ilógico, de una costilla, no tiene sentido pero como todos sabemos por medio de la Biblia y el Curan, que Dios no vino al mundo y tubo intimidad con María, el Solo dijo que fuera echo en ese momento en el vientre de María y así fue, el lugar es nada más la diferencia. En otras palabras que Jesús no es su hijo, como tú para tu papa, pero sí, todos somos hijos de Dios, porque todos somos su creación en espíritu de Dios, porque Nuestro creador nos ha dado esa vida con el espíritu.

Se hace una comparación de relación de hijos, porque no se puede ante el hombre tener otra comparación de amor incondicional, en una relación de padre e hijo, porque el amor que él nos tiene es mucho más grande que el de un padre a un hijo, ya que nosotros siempre amamos a nuestros hijos, y no nos importa como sean, pero nunca jamás se podrá realmente comparar, porque su amor que como creador nos tiene, es superior al de padre a hijo. Pues nosotros como padres fallamos a nuestros hijos, y el amor de nuestro creador no tiene límites, y aun así hay ocasiones, que no logramos entender porque pasamos penas; siempre es para beneficio de nosotros mismos, porque creemos, que los mandamientos que se hicieron, fueron inventados, para hacerle un favor a nuestros creador, Y ahí está la prueba más irrevocable de nuestra falta de razonamiento, que esos mandamientos fueron hechos para que nosotros no, nos lastimemos los unos a los otros, el cuerpo es solo un disfraz para nuestra alma, pero la vida real está en nuestro espíritu, que es Luz de vida y esa luz, entra en cada cuerpo, desde el nacimiento de Adán hasta el último niño que está naciendo en estos momentos precisos que estás leyendo este libro.

Somos hermanos en creación, en un vínculo de amor. Porque Dios está en lo más cerca de nuestras venas y entra en ellas, así como funciona la luz en un aparato eléctrico entra por todos lados y le da vida, pero cuando se desconecta no funciona y cuando es de batería es la misma carga, solo que la batería tiene vida por cierto tiempo, pero si la batería esta descargada tampoco funcionara, es por eso que muchas veces, sin pensarlo hasta nos llegamos a comparar con un aparato eléctrico, cuando hablamos de energía, en muchas ocasiones he escuchado cuando la gente dice, mi batería esta baja no tengo energía, Pero al final volvemos al punto de partida, solo somos su creación.

¿Por qué nos llamamos hermanos unos a los otros, cuando pertenecemos a la misma congregación? Porque somos hermanos en creación y sentimos que estamos amando a nuestro creador en amor, de la misma forma que el otro que está en la misma congregación. Porque tenemos eso en común, Pero sabemos que no somos hermanos carnales si no hermanos en espíritu porque lo amamos con voluntad propia, porque ese amor se siente desde lo más profundo del corazón, no se puede prestar ni comprar es realmente un amor incondicional puro sin fronteras ni límites.

Aquí mi pregunta a ti es, ¿por qué Dios decidió mandar a Jesús de esta manera? Similar y no exactamente como cuando hizo a Adán, piensa... Dios no improvisa ni se equivoca, todo lo que hace tiene un propósito, conociéndonos Dios tanto como él nos conoce individualmente y sabiendo que nosotros somos de los que tenemos que ver para creer, y no como el quiere que creamos, que es vivir en fe todo el tiempo, que todo lo contrario de lo que creemos que es creer para ver. Sin tratar de tomarle lógica a la situación o el problema que tengamos, porque para el todo es posible, no tiene que tener lógica, porque cuando se la estamos buscando a algo, estamos hablando únicamente de nuestros alcances, no de los poderes de Dios, es por eso que nada de esto tiene sentido. Y por eso mismo no creemos en los milagros, porque los milagros son ilógicos porque de acuerdo a nosotros no puede haber causa sin efecto, Usando la lógica o en los ojos de todos nosotros, realísticamente hablando de la forma en que todos percibimos todo, porque en el Curan dice, similar no igual y esta es la diferencia de a como hubiéramos percibido todo, hubiera sido exactamente igual, lo hubiera aparecido en medio de todos como un hombre en medio de la nada o de todos desnudo, yo pienso que conociéndonos como Nuestro creador nos conoce, Por lógica hubiéramos dicho: Que hace ese hombre inmoral desnudo en la calle? que no tiene ni vergüenza?, nosotros hubiéramos llamado a cualquier autoridad disponible en esos tiempos pasados si así hubiera ocurrido y que se lo hubieran llevado por inmoral o incluso se le hubieran calificado de loco desorientado, nadie le hubiera creído nada, incluso de la forma en que lo encontraron, o sea no hubiera funcionado, porque nadie hubiera creído nada, ya que no habría tenido testigos. Ahora pensemos, si Dios lo hubieran puesto en una canasta como a un niño en medio de un Mercado o en frente de una casa, lo primero que hubiéramos pensado" con lógica" seria, en ese momento dejándonos llevar por lo que vemos realísticamente hablando, que madre tan desconsiderada como vino a abandonar este niño aquí, o aun peor, si hubiese dejado el niño desnudo, en medio de la calle sin cobijas la gente hubiera estado aún más desconcertada y enojada por que hubieran dicho, esa mujer es peor que un animal; que ni siquiera un pedazo de trapo le puso a este niño para cubrirlo, sigamos pensando con la misma lógica realísticamente hablando, si Dios hubiera mandado a Jesús, a una señora sin darle ninguna señal divina, como la madre de Profeta Mohamed (por ejemplo) que ya hubiera tenido hijos casada y con marido nadie les hubiera creído nada, tanto a ella como a su familia, y tampoco se lo hubieran creído mucho menos porque siempre le otorgamos el hecho de los milagros al hombre, cuando estuve escribiendo este párrafo con respecto a Jesús, tuve Sueños y estuve meditando con respectos a ellos y lo que logre descifrar de esos sueños, (que para mí en lo personal fueron muy claros) fue que Dios nuestro creador es uno, así lo queramos creer o no, pero también entendí que cuando nuestro creador hizo a Jesús, estuvo en él y vivió en él, justo como vive en nuestras vidas, para complementar esta nota quiero que lean esto que está en la Biblia en salmo 11-22 La higuera maldita se seca : Jesús les dijo: Tengan fe en Dios porque de cierto les digo que cualquiera que diga a este monte "quítate de ahí y échate en el mar " su orden se cumplirá, siempre y cuando no dude en su corazón, si no que crea que se cumplirá.

Y es por eso que él es luz, la vida que él nos ha dado es luz, es por eso que se dice que él fue su palabra y nosotros sin esa luz, no podemos ni mover un dedo y no necesitamos ser su socio, para que él tome posesión de nuestro cuerpo, o autorización de nosotros para pedirnos permiso, si puede o no mover nuestro cuerpo, porque cuando él dice, "esto se hace", no pregunta, él ordena con o sin nuestro consentimiento, y si no como se explica que cuando era Jesús un niño y dijo quién era, cuando le preguntaron a Jesús muchas veces quien era, él no explicaba quién era porque si explicaba se iba a negar a sí mismo, porque si tu explicas la situación te envíe no en el futuro que es el milagro que está por venir y eso fue lo que Jesús él no se envolvió en el presente excepto cuando era necesario para poder ensenar como activar la fuerza de su fe pero cuando la gente le preguntaba ¿quién era él? en muchas ocasiones Jesús permitía que la misma gente se respondiera, no era Jesús el que les respondía, porque pasaba eso?, yo me hice esa pregunta…y mi respuesta fue: porque eso no importaba en ese momento, lo que importaba era el mensaje que él estaba dando,   porque gente enferma siempre ha existido antes que Jesús naciera y después que el murió y la gente a quien sano no era mejor ni peor que tu o más especial que tú el hecho que esa gente sanara no era su mensaje primordial, para Jesús todo ese tiempo que estuvo aquí fue para que entendiésemos que Hay un Dios único y creer en el nombre de él, porque con él, todo es posible pero sin el nada, y es por eso que Jesús lo repitió todas las veces que el sanaba a alguien , porque el savia que nosotros los humanos somos visibles y siempre tendemos a darle crédito a quien vemos que está activando su fe y tendemos a darle crédito a los doctores y no a quien está detrás de ellos que es nuestro creador concediendo nuestras peticiones de fe, fue por eso que Jesús le repitió muchas veces que no le dijeran a nadie de lo que vieran. ¿Por qué? Lo que él quiso decir era que aun el sin Dios no era nada y Dios estaba en el en espíritu de vida, en luz, en poder, fue por eso que él pudo hacer todos los milagros que hizo. Porque nuestro Creador vivió en el como en todos nosotros ahora indiscriminadamente, pero cuando le damos el crédito a quien está enfrente de nosotros, le estamos dando el crédito a quien está enfrente de nosotros y no a uestro Creador y cuando hacemos eso estamos haciendo a esa persona extraordinaria especial y nosotros nos estamos excluyendo de las bendiciones de nuestro Creador, estamos negando el poder de nuestro Creador y estamos haciendo a quien está activando su fe una persona especial, con dotes especiales que nadie más tiene. Si solo confía en nuestro creador sabiendo que él está en control de todos y de todo nuestro al rededor y nuestros pensamientos, y no solo eso, sino que también conoce hasta nuestras intenciones, aun antes que nosotros, en otras palabras, nos conoce mejor que nosotros mismos, lo que debemos entender es que cuando creo el mundo, lo creo todo lo que necesitábamos al mismo tiempo y todo ya está hecho, pero está cubierto y todo lo que tenemos que hacer, es descubrir. lo cubierto y no inventar; pues tenemos la tendencia a creernos inventores, que somos genios, que muchas veces creemos que somos tan inteligentes, que sabemos más que él, la palabra correcta para los que llamamos genios es, descubridores porque lo que nuestro creador quiere es que lo descubramos, solo nos pone en la mente el que… el cómo… y el cuándo…Y solo cuando entendamos esto sabremos, que no existe forma de engaño hacia el, porque, para el somos un vaso de agua clara, y si en ese vaso de agua clara hay una basurita que aunque para nosotros no es visible para el sí.

Para todo siempre tratamos de tomarle la lógica, y pasamos llamando a los milagros coincidencias o casualidades a todo o sea tenemos que ver para creer, como hasta ahora y para todo tenemos un comentario lógico, yo pienso que esa es la razón por la, cual aun en estos tiempos no sabemos que creer, porque estamos constantemente buscándole la lógica a todo lo que vemos, y es por eso que estamos cometiendo muchos errores, porque miramos que otros los están cometiendo y nuevamente, por lógica lo hemos aceptado pensando que como el vecino lo hizo ya es aceptable hacerlo. Nuestro creador dejo reglas a seguir en todos sus libros sagrados, los cuales hizo a pesar de habernos dado el razonamiento.

Pero si aún nuestro razonamiento no toma sentido, y con lo que hacemos nos quiere tanto, que en realidad todas las reglas que nos dejó no son solo para quedar bien con el sino también, para no lastimarnos a nosotros mismos y también nos dio sentimientos, para

SONIA AHMED

poder saber cuándo es que tenemos que corregir nuestros errores, por ejemplo cuando estamos felices sabemos que no hay nada que corregir , cuando nos sentimos como héroes, es porque hemos hecho una buena obra, de alguna manera, pero cuando hemos hecho algo malo, sentimos que tenemos que mentir porque no queremos que nadie lo sepa y nos sentimos culpables, esas son las alarmas de nuestra alma, diciéndonos cambia esto, no está bien y por lo tanto no vivimos en fe, mientras tanto, nos estamos perdiendo el mensaje, el cual Jesús y otros profetas nos han traído.

Dicho mensaje es que nos amemos los unos a los otros, como Dios nos ama, y aun algo más grande que en toda religión, sin excepción alguna, se nos enseña. Que pongamos a nuestro creador por sobre todas las cosas. En otras palabras primero que todo, hasta de nosotros mismos y aunque nuestro creador nos pidió que respetáramos a nuestros padres, tenemos que poner a nuestro creador primero que nuestros padres también. Aquí otra de mis preguntas: Si Dios quiere que honremos a nuestros padres, ¿porque tendríamos que poner a nuestro creador antes que a nuestros padres.

La respuesta fue: Porque muchas veces como padres, cometemos   muchas faltas, por nuestra debilidad , la cual nuestros propios hijos conocen y cuando eso pasa tenemos que poner a nuestro creador por sobre todo y tenemos que enseñarles entonces a nuestros hijos, que busquen la guía de nuestro creador, en todo momento   y cuando tenemos a nuestro creador primero, sabremos quien sigue como prioridad en nuestras vidas y en el momento de nuestra prueba de vida, entenderás a quien estas sirviendo a Dios o a ti mismo tu EGO. Porque cuando te separas de Dios y quieres hacer tus cosas por tu cuenta, sin creer que necesitas de Dios, en ese momento te separas de Dios, y cuando esa separación surge es cuando empiezas a ser egoísta y dejas de pensar en los demás la separación no solo para dentro de ti y Dios, sino que también pasa, dentro de ti y los tuyos, en otras palabras los seres más cércanos a ti, los seres que amas pasan a ser en casos extremos hasta un estorbo.

Porque es más fácil enfocarse para distraer, lo que estamos haciendo dentro de nosotros y pensar que siempre tenemos la razón en todo, porque somos los padres y porque creemos que el hecho de haber nacido antes que tenemos más conocimiento de todo,   o porque tenemos un nivel de educación mayor en algunos casos.

Muchas veces escucho decir, pues si nosotros tenemos nuestras propias creencias,   y si ellos (nuestros hijos) no creen en lo mismo que nosotros, entonces ellos no van a ser salvados, estoy segura que la forma de amor, que deberíamos de darles, es con el propósito de que ellos se salven conmigo, porque después de todo, todos estamos en el mismo barco.

No estamos pensando en el propósito con el cual mando Dios a Jesús, sino como lo mando y después de todo es solo la forma en la cual lo queríamos ver. Pero no por esa razón, deja de ser lo que fue, lo que Dios dijo Fue y se hizo, después de todo Dios es Dios y él puede hacer lo que el desee, en la forma en el cual él quiera; un ejemplo es como cuando te preguntan cuándo un vaso está a la mitad de agua.

Ahora te pregunto, ¿qué piensas de ese vaso? algunos me dirán ese vaso esta medio lleno y otros me dirán esta medio vacío.

Pero no por eso deja de ser un vaso con la misma cantidad de agua, porque no pensamos porque ese vaso está a la mitad de agua quien se tomó el agua o porque está a la mitad, pero últimamente se sabe que el vaso aun que se ve a la mitad recientemente la ciencia descubrió que aunque el vaso se ve vació no está vació porque lo que se ve vació en apariencia está lleno de energía. Por qué no mejor nos enfatizamos en el propósito del por qué mando Dios a Jesús a compartir con nosotros todos sus mensajes, ¿Cuál fue el propósito de Dios? ¿Qué quería Dios que Jesús compartiera con nosotros? ¿Qué dijo? ¿Que hizo cuando vino con los que no creían en Dios? ¿Vivió con miedo o vivió con fe? Jesús no dijo... Yo ya me salve, que se salve el que pueda, pero yo no voy a enseñarles quien es Dios a nadie que no crea en él, porque si no creen es su problema.

"Me limitaré a enseñarles a creer en sus problemas, que crean que es imposible resolverlos, darme por vencido, para que yo como guía de nuestro creador los pierda para que no traten de hacer nada". Por el contrario, Jesús de alguna forma nos estaba enseñando que en cada milagro que estaba haciendo tenía propósitos, de resucitar nuestra fe, como cuando le pide a Lázaro que despertara de la tumba después de 4 días de estar muerto. Cuando pienses en tus problemas, piensa que tan tarde puede ser, resucitar a alguien que ya tiene 4 días de haber muerto.

A veces escucho cuando a las personas preguntarse, cuando es el fin del mundo, y hasta yo misma me lo llegaba a preguntar, pero si piensas con lógica hay una razón por la cual Dios no dijo a nadie cuando será el fin del mundo con fecha día y hora, porque el si lo sabe.

Cuando he meditado sobre este asunto en particular, le he preguntado eso a mí subconsciente o a nuestro Creador, y la respuesta es., porque no importa cuando suceda, no importante cuando es el fin del mundo. Si no cuando es el fin de tu mundo, porque las cuentas son individuales. Porque si nuestro Creador nos hiciera saber que ese día en 20 años de aseguro que harías lo que quisieras durante 19 años pero como sabes que él es piadoso en el último año o en el último minuto sabiendo que ese es el último día trataríamos de parar todo lo malo que actuaríamos como que estamos arrepentidos.

Estuve leyendo en el Torah, Salmos 144.14 dice Dios, ¿de qué se debería preocupar el hombre? La respuesta fue: que los hombres mortales deberían preocuparse que nuestras vidas aquí, son como un suspiro, que nuestros días son como sombras pasajeras.

¿Acaso estas esperando una señal para empezar a portarte bien? Para conectarte en fe con el, no te has puesto a pensar, que tal si tu cuerpo expira antes de ese día final del cual tanto se habla y no te dio tiempo de arrepentirte, ni de prepararte, para estar en el lugar del cual tanto se habla.

Por eso no es necesario creer en todo lo que

dicen sin tomarse el tiempo de buscar por tu cuenta todo y leer para tu propio beneficio y para el beneficio de todos, porque solo pensando en ayudar y en la salvación hasta de tu enemigo, podrás salvarte, pero no con guerras si no con amor, porque si tu mueres y tienes a un enemigo no podrás salvarte.

Porque no analizamos esto; Si nos ponemos a pensar todo esto para decir verdad nadie va a ser salvado por que pecamos hasta cuando miramos a alguien de una forma u otra, en mi mente podremos ser justos con otros tanto como con nosotros mismos solo si entendemos como somos uno solo, y solo el reflejo del uno al otro, porque solo sabiendo esos dejaras de ver al otro como tu enemigo con envidia y coraje porque eso trae el saber que no eres como el otro tú piensas que lo que él puede tu no y luego te sientes inferior a algunos y superior a otros. Si te hacen una pregunta sobre tus abuelos, me podrías contar detalladamente que paso en sus vidas, podría ser que Quizás sepas parte de lo que paso, porque has escuchado de boca de tus padres algunas cosas, pero nada tan detallado como cuando hablamos los hechos al 100% con fechas y con palabras exactas, y con las intenciones que fueron dichas, y a la misma vez te pregunto:

En la discusión que tuviste recientemente con

tu padre, tu esposa, tu hermano o tu hijo, te acuerdas exactamente que le dijiste palabra por palabra?, podrás decirme algo similar de lo que en ese momento expresaste pero las intenciones de el por qué lo dijiste, no, y aunque así hayan sido, fue lo que pensaste en ese momento, pero ahora ya pensaste en otras cosas más y hasta pueda ser que ya no piensas los mismo.

Siempre estamos en una constante batalla, de probar a todo el mundo que tenemos la razón y que somos nosotros los que estamos diciendo la verdad, y los demás están en un error. Y esa sola idea de siempre querer tener la razón, nos olvidamos que nos hemos dividido muchas veces como parejas en matrimonios, como familia, como nación y al final como humanos de una forma unánime todos para uno y uno para todos, mientras perdemos el tiempo tratando de cambiar la historia y tener la razón, hay otros que están muriendo de hambre o en agonía por falta de lo que a otros nos sobra y por egoísmo no compartimos, es porque eso que cuando tengas una oportunidad de ayudar a alguien, hazlo pero mejor si no conoces a esa persona, para que más tarde no esperes que te devuelva el favor, porque si no la intención de ayudarle fue otra no fue la que debería de ser, simplemente ayudarle porque es nuestro deber. Siempre asegúrate que si donas algo, llegue a quienes lo necesitan para que en verdad sean beneficiados los que lo necesitan. Y si ayudas a alguien hazlo de corazón y no esperes recompensa alguna por ello, porque de otra manera es mejor decir no. Ya que tanto en cosas buenas como malas que hagas, te serán acumuladas a tu cuenta personal.

Tengo otra pregunta para ti, en cuestión de ley humana, tú crees justo que si tu hermano mata a alguien o causa un problema, ¿seas tú quien tenga que pagar por lo que él hizo? ¿Y sea a ti a quien que tengan que encarcelar o algo peor? ¿Que en lugar de encarcelar a tu hermano sea a ti, en su lugar? Como lógica la repuesta es no, porque sabemos que nuestros actos son individuales como nuestros pensamientos y sentimientos, y por lo tanto tú no tienes que pagar por lo que tus abuelos o tus padres hicieron es irrelevante, porque ahora te toca a ti experimentar todo lo que ellos experimentan en sus tiempos y tú tienes otros ideales.

El punto de todo esto es, por que nos procuran quien mato o quien, o quien hizo algo malo en la Biblia, o en el Curan o el Torah, en esos tiempos pasados que por mucho que queramos, no podemos cambiar, momentos difíciles o buenos siempre han existido, en el cual la gente a actuado de una forma irracional, antes y ahora, porque si lo analizamos más a fondo, ha existido y aún existe gente con malas intenciones, antes y ahora en todas las religiones y aun mas, en la gente que no practica ninguna religión. Dejemos que las historias que pasaron que así queden y no tratar de reinventarlas.

Es bueno utilizarlas como referencia y guía para saber diferenciar entre lo malo y lo bueno, pero aceptando lo que paso y respetándolo, pero no para justificar nuestros errores como hasta ahora, porque siempre estamos tomando referencias de alguien similar a nuestro caso y decimos, a pero si esta persona cometió esta injusticia o este error porque no yo, para la unificación es importante que vivamos individualmente, pensando que nuestras cuentas personales son únicas, porque simplemente no se trata de la relación entre tu y ninguno de ellos si no de tu relación entre tú y el creador, si tu logras entender que Nuestro creador está dentro de ti y por lo tanto no puedes hacerlo tonto tratando de engañarlo a él o a otros por entonces te engañas a ti mismo porque él está dentro de ti mismo como está dentro de otros al mismo tiempo y será el día de ser jugado un día de uno a uno como todos los días dentro de ti tu sabes por qué estás diciendo lo que estás diciendo, pero lo importante no es tanto lo que dices, si no lo que ocultas, cuando nos separamos de nosotros mismos nos separamos de todos es cuando las guerras a nivel familia o mundial son causadas, ni hoy ni nunca las guerras tienen la razón de ser, si lo analizas detenidamente, son causadas, por quien tiene la razón de una idea simple en nuestro pensamiento, que ha llegado originariamente de un individuo contagiando a los de su alrededor y lo peor de todo es que si le preguntas a cada uno de ellos, todos creen tener la razón, y lo saben con tanta certeza, que están dispuestos muchos de ellos a morir por eso por creer tener la razón.

He encontrado en todos los libros sagrados, que Dios quiere que nos amemos unos a los otros, igual que a nosotros mismos, sin excepciones, no dijo, con excepción de tus enemigos o que amemos a nuestros vecinos tanto que si cocinamos algo y que ellos sintieron el olor, tenemos que compartir con ellos forzosamente , y que, antes de criticar a alguien, nos miremos a nosotros mismos, y dice claramente, que esta no es la vida real, que hay vida eterna, religiosamente se considera que los libros sagrados son la guía o el manual de cómo vivir la vida, pero como siempre, creemos saberlo todo.

Un ejemplo más claro es, como cuando compramos algo Nuevo, y viene con su manual , hacemos el manual a un lado y siempre usamos la lógica, por lo mismo terminamos haciendo que lo que tenemos funcione, pero muchas veces nos perdemos muchos otros beneficios que podríamos obtener , leyendo el manual, o peor aún, cuando miramos que algo no funciono miramos el manual , para ver donde estaba nuestro error, para hacerlo funcionar, mi pregunta es: Si hay tantos manuales en el mundo, de todo y para todo, y no buscamos esos manuales de la vida, hasta que en verdad miramos que no podemos hacerlo funcionar. Algunas veces y otras nos quedamos así, frustrados sin intentarlo, porque, ¿cómo Dios pudo sacar a una mujer de un hombre? Es decir, ¿cómo puede nacer alguien, de un hombre? y lo que es más ilógico, de una costilla… Ilógico, no tiene sentido, seguimos tratando y tratando de encontrarlo, y seguimos cometiendo los mismos errores una vez tras otra. Otro ejemplo tangible tenemos tenerlo en nuestras manos, a veces creemos en el horóscopo y lo leemos y le creemos a esa persona que no sabemos ni de donde saco todo, eso que de acuerdo a su imaginación, te va a pasar basado en el día en que naciste, o en el mes, y lo crees o peor aún, vas con alguien que te lea la mano. ¿En serio crees en ellos? Y si de verdad les crees, hazles esta pregunta, ¿quién es el creador? Y ¿Quién los creo a ellos y a todo su alrededor?   Te responderán, Dios el todo poderoso el creador y si ellos creen en eso… ¿Porque tu no? Porque no crees que él tiene todo el poder, para ayudarte en lo que le pidas. Cuando el con su infinita luz de su existencia puede darte lo que le necesites. Y puedes vivir la vida que tú quieres, y no lo que otros quieren que vivas, claro que todo esto es posible, pero dentro de sus reglas, sometiendo te a sus deseos, En un momento dado pensaras que lo puedes todo, porque eres o tienes lo que tienes y no lo necesitas,

Es justo ahí, cuando él te deja solo y te pierdes en ti mismo. Si crees que tienes todo el poder y puedes vivir tu vida feliz sin él y tienes todo el poder ¿porque no haces la prueba? Ve a la playa y trata de hacer una escultura, un hombre de arena como el que nuestro creador hizo, y trata de darle vida, a lo mejor si eres buen escultor y puedes hacerlo perfecto, pero no más que eso, jamás podrás darle vida, Jesús pudo hacer todo esto, con respecto a activar su fuerza de fe con Dios para sanar a los enfermos y ha con el poder de Dios pudo resucitar a Lázaro des pues de cuatro días de muerto.

Esa fue su enseñanza y somos un cero a la izquierda, no contamos, no creamos, no podemos, somos nada comparado con él, aun usando la gráfica matemática, dependiendo donde pongas el cero, cuenta si está en la derecha pero si está en la izquierda no, o estas con Dios o no, no hay un lugar neutral para el cero, con él, todo, sin el nada. Como en el caso de Michael Jackson que tuvo todo lo que el quiso, y pienso que contratando a un médico Personal solo para él, lo podría cuidar las 24 horas del día.

Tengo entendido que el patento un descubrimiento de diseño de zapatos anti-gravedad, para sus espectáculos en 1993, ¿en dónde está toda esa riqueza? ¿En dónde están todos esos logros? ¿En dónde está el? Para los que creen ciegamente en la ciencia, están tan atrasados, que están investigando la forma de congelar un cuerpo, para después descongelarlo mientras que averiguan como lo hacer para revivirlo para siempre. Dentro de nuestras mentes no entendemos como esto puede pasar y hay veces que estamos tratando de entender por qué dentro de nosotros nuestra alma sabe que hay vida eterna pero no logramos entender cómo puede esto ser cierto, Quiero compartir contigo este reporte.

9 LA CIENCIA TRATANDO DE DESCUBRIR LA VIDA ETERNA

Digo descubrir porque la vida eterna ya está ahí para los que ya lo descubrieron. Para los que piensan que la vida se limita al cuerpo, prácticamente morir es el infierno, tal como se describe en la Biblia.

"Y yo les doy vida eterna; y no perecerán jamás, ni nadie las arrebatará de mi mano." Juan 10:28

Jesús fue muy específico acerca de cómo él se refirió a lo que es morir. Describió que la muerte es dormir, en cierto modo. Demostró que el Espíritu de Dios puede despertar el cuerpo incluso después de cuatro días de haber muerto, en nuestra perspectiva de lo que es morir. Estaba tan seguro de que la muerte no es lo que pensamos que cuando Jesús estaba predicando la palabra de Dios, un hombre se acercó a él y le dijo que le gustaría seguir a Jesús, pero que su padre acababa de morir y él quería enterrar a su padre antes de ir con él. Jesús no era sarcástico, pero quería asegurarse de que entendiéramos lo qué es morir. En Lucas 9:60 Jesús dijo a ese hombre "Deja que los muertos entierren a sus propios muertos, pero tú ve y proclama el reino de Dios."

El Reino de Dios es creer que la muerte no existe. El Reino de Dios sería como Jesús dijo en Mateo 10:28, "Y no temáis a los que matan el cuerpo pero no pueden matar el alma. Más bien temed a aquel que puede destruir el alma y el cuerpo en el infierno." Creer que vas a morir y nunca estar vivo de nuevo no es aceptado por tu alma porque el alma conoce y cree en la vida eterna. Cuando piensas en la muerte y que nunca vivirás de nuevo, morir, así como vivir en el miedo, es el infierno para tu espíritu. La Biblia, El Corán y El Torá hablan del infierno. El Corán dice que la definición del infierno es una advertencia. Según la Biblia, el infierno es la muerte, pero cuando se habla de muerte, ellos están hablando de la muerte del espíritu, no del cuerpo. El infierno es vivir en la condena porque su espíritu no está vivo, no está a gusto. En el Torá, dice " Porque ellos son como un soplo de aire; sus días son como la sombra que pasa. " Salmo 144:4. En cierto modo es alentador a todos a vivir y disfrutar el momento presente.

Ciencia, sobre la base de lo que los escritores de ciencia ficción predijeron acerca de la humanidad venciendo a la muerte, está trabajando en el desarrollo de posibles formas de alcanzar la inmortalidad. Algunos ejemplos de sus contemplaciones son clonando, el cultivo de las células madre, la nanotecnología y la criónica. Para aquellos que no han oído hablar de la criónica, es una técnica de ultra congelación de los cuerpos de aquellos que han muerto a causa de una enfermedad incurable, con la esperanza de alcanzar la inmortalidad.

Hay empresas que ya ofrecen este servicio, en todo el mundo. Su plan actual es congelar el cuerpo y el cerebro de la persona hasta que averigüen cómo hacerlos inmortales. Ellos creen que la esencia de una persona está en su cerebro. Los precios para preservar el cuerpo y el cerebro varían de país a país, a partir de $10,000 a $80,000 por una cabeza y de $30,000 a $150,000 para un cuerpo entero.

Se han congelado al menos 150 cuerpos, haciéndoles creer que ya se descubrió cómo hacer que el cuerpo sea inmortal. Meditando en lo que respecta a este tema, creo que lo que está sucediendo con las personas que no creen en la vida eterna es que ellos están buscando la vida eterna en el exterior, no en el espíritu. Una vez que aprendas a meditar, te descubrirás internamente, encontrarás la respuesta por ti mismo de la vida eterna. Nunca trates de encontrarte en la opinión de los demás porque en el momento que haces esto, estás exponiéndote a un juicio donde mataran tu espíritu de vida. Mientras tú sepas como tener esa comunicación con tu interior (tu espíritu) y aprendas a tener esa relación estrecha, nadie ni nada podrá matar ese espíritu. Así es como llegara la aceptación y el entendimiento de la vida eterna.

UNIFY

10 ENTENDIENDO SOY QUIEN SOY

Me di cuenta de que a veces queremos saber todo, pero queremos encontrar un atajo o queremos todo en concreto, o todo en pocas palabras, o todo al punto, pero por lo mismo nos perdemos de muchas cosas importantes que son la clave del entendimiento de la verdad. En el caso de Jesús, cuando yo leí "Yo soy la verdad, Yo soy el camino, y yo soy la Vida" No me di cuenta de que tenía que aprender más acerca de la palabra "Yo Soy." Cuando tuve la oportunidad de leer el Corán y yo tenía preguntas en cuanto a Jesús, el Profeta Muhammad hizo darme cuenta de que tenía que seguir los pasos de Jesús, en la Biblia, donde él dice: "Yo soy el camino." Cuando hice esto me di cuenta con Jesús que la definición de morir no es morir. Así es como me enteré de la vida eterna. Cuando leí un poco más y trate de entender lo que Jesús estaba diciendo acerca de la vida eterna, me di cuenta que el infierno es el temor a morir. Me enteré de la verdad a través de Jesús y la frase "Yo soy el que soy", porque cuando lei con respecto a Moisés, Jesús dijo: "Yo soy el que soy" fue antes de Abraham. Cuando leí acerca de Moisés me di cuenta de que Moisés fue el que oyó, de acuerdo a lo que sabemos, el nombre de Dios por primera vez, que es: "Yo soy el que soy ahora y por todas las generaciones" en el Viejo Testamento o en El Torah. Entonces sabiendo el verdadero nombre de Dios, cuando Jesus dice "Yo soy antes de Abraham" se refiere a que Dios estaba antes de Abraham porque Jesus sabia el verdadero nombre de Dios, que era "Yo soy." Si Jesus uviera querido dado a entender que el había nacido antes que Abraham, la oración uviera sido "Yo naci antes que Abraham" o "Yo era antes que Abraham." Pero el dijo con toda claridad "Yo soy antes que Abraham" que de nuevo quiere decir que Dios era antes que Jesus y Abraham. Y Dios esta antes de todos.

Abraham fue el profeta antes de Moisés, y en su tiempo nadie sabía el nombre de Dios. Yo entiendo que Dios es un Espíritu. Quiero compartir contigo esta parte del Corán, la Biblia, y el Torá como prueba de todo lo que estoy diciendo. Vas a encontrar el siguiente verso en repetición, pero quería mostrar que se encuentra lo mismo en todas las versiones de la Biblia. Sólo lo hice con estos versos porque quería asegurarme de que supieran que son los mismos, así como con todo lo demás que he citado de la Biblia. Yo quería que supieras que todas las partes pueden ser ligeramente diferentes, pero todos los versículos significan lo mismo.

Salmo 75
Gracias te damos, Dios mío; le damos su nombre que está cerca de nosotros. Todos hablan de tus poderosos hechos.

Versículos de Éxodo 3:14
Nueva Versión Internacional
Dios dijo a Moisés: "Yo soy el que soy esto es lo que tienes que decirles a los israelitas:. 'YO SOY me ha enviado a ustedes.'"

Nueva Version
Dios le contestó a Moisés: "Yo soy el que soy Di a los hijos de Israel:...: YO SOY me envió a vosotros"

Inglés Standard Version
Dios dijo a Moisés: "YO SOY EL QUE SOY." Y él dijo: "Dile esto a la
pueblo de Israel : Yo soy me ha enviado a ustedes. ' "

Nueva Biblia de los Hispanos
Dios dijo a Moisés: " Yo soy el que soy ", y él dijo: " Así dirás a los hijos de Israel: YO SOY me envió a

vosotros. "

Biblia King James
y Dios dijo a Moisés: YO SOY EL QUE YO SOY , y él
dijo: Así dirás a los hijos de Israel: YO SOY me envió
a vosotros.

Nueva Versión Internacional
Dios le contestó a Moisés: "Yo soy el que soy Esto es
lo que tienes que decirles a los israelitas: Yo soy me ha
enviado a vosotros."

Internacional de las Américas
Dios le contestó a Moisés: " YO SOY EL QUE SOY ",
y luego dijo: " Di a los israelitas : ' . I am me ha
enviado a ustedes ' "

NET Bible
Dios dijo a Moisés: " Yo soy el que soy . " Y él dijo :
"Tienes que decir esto a los israelitas:" Yo soy me ha
enviado a ustedes . ' "

LA PALABRA DE DIOS ® Traducción
Dios dijo a Moisés: " . Yo soy el que soy Esto es lo que
tienes que decir a los hijos de Israel : YO SOY me
envió a vosotros . ' "

Jubileo Bíblico 2000
Y Dios le contestó a Moisés: YO SOY EL QUE SOY . Y dijo: Así dirás a los hijos de Israel : YO SOY (YHWH) me ha enviado a vosotros .

Rey James Bible 2000
Y respondió Dios a Moisés: YO SOY EL QUE SOY Y dijo : Así dirás a la
Los hijos de Israel: YO SOY me envió a vosotros.

Americana King James Version
Y Dios le dijo a Moisés: YO SOY EL QUE SOY , y él dijo: Así dirás a los hijos de Israel: YO SOY me envió a vosotros .

American Standard Version
y Dios dijo a Moisés: YO SOY EL QUE YO SOY , y él dijo: Así dirás a los hijos de Israel: YO SOY me envió a vosotros.

Biblia Reina- Valera
Dios dijo a Moisés: Yo soy el que soy. Él dijo: Así dirás a los hijos de Israel : El que es me ha enviado a ti.

Darby Traducción de la Biblia
y Dios le dijo a Moisés: YO SOY EL QUE SOY . Y dijo: Así dirás a los hijos de Israel : YO SOY me ha

enviado a vosotros .

Versión Inglés Revised
Y respondió Dios a Moisés: YO SOY EL QUE SOY, y
él dijo: Así dirás a los hijos de Israel: YO SOY me
envió a vosotros.

Traducción de la Biblia de Webster
y Dios le dijo a Moisés: YO SOY EL QUE SOY Y dijo:
Así dirás a los hijos de Israel: YO SOY me envió a
vosotros .

La Biblia Inglés
Dios dijo a Moisés: "Yo soy el que soy ", y él dijo: "
Así dirás a los hijos de Israel esto: '. YO SOY me ha
enviado a vosotros"

Traducción Literal de Young
Y Dios dijo a Moisés: YO SOY EL QUE YO SOY , "Él
dice también : 'Así ¿Dices que los hijos de Israel: YO
SOY me envió a vosotros. '

Jubileo Bíblico 2000
Y Dios le contestó a Moisés: YO SOY EL QUE SOY . Y
dijo: Así dirás a los hijos de Israel: YO SOY (YHWH)
me ha enviado a vosotros .

Rey James Biblia 2000
Y respondió Dios a Moisés: YO SOY EL QUE SOY Y
dijo : Así dirás y para siempre. 3. Que él es
incomprensible, no podemos mediante la búsqueda de
él averiguar: este nombre comprueba todas las
investigaciones audaces y curiosos acerca de Dios. 4.
Que él es fiel y fiel a todas sus promesas, inmutable en
su palabra y en su naturaleza, deja que lo sepa Israel:
YO SOY me envió a vosotros. Yo soy, y no hay otro
fuera de mí. Todo lo demás tiene su ser de Dios, y son
totalmente dependientes de él. Además, aquí hay un
nombre que denota lo que es Dios a su pueblo. El
Señor, Dios de vuestros padres me ha enviado a
vosotros. Moisés debe revivir entre ellos la religión de
sus padres , que casi se perdió , y entonces podrían
esperar la pronta realización de las promesas hechas
a sus padres.

Moisés en la zarza ardiente
    "13Entonces Moisés dijo a Dios: 'He aquí, yo
voy a los hijos de Israel, y yo les diré:' El Dios de
vuestros padres me ha enviado a usted. 'Ahora pueden
decir a mí,' ¿Cuál es su nombre? '¿Qué voy a decir a
ellos', dijo 14Dios a Moisés: 'Yo soy el que soy', y él
dijo: 'Así dirás a los hijos de Israel,' 15Dios , además
: YO SOY me envió a vosotros . ', dijo a Moisés: "Así
dirás a los hijos de Israel : Jehová , el Dios de
vuestros padres,

Yo soy el que soy
El Dios de Abraham, Dios de Isaac, y el Dios de
Jacob, me ha enviado a vosotros. Este es mi nombre
para siempre, y este es mi memorial - nombre por
todas las generaciones...

Referencias

Juan 8:24
Te dije que iba a morir en sus pecados; si no creéis
que yo soy, que moriréis en vuestros pecados "

Juan 8:28
Por eso Jesús dijo: "Cuando hayáis levantado al Hijo
del Hombre, entonces conoceréis que yo soy y que no
hago nada por mi cuenta , sino que hablo conforme a
lo que el Padre me ha enseñado .

Juan 8:58
"Ciertamente les aseguro que," respondió Jesús:
"Antes que Abraham fuese, yo soy"

Hebreos 13:8
Jesucristo es el mismo ayer, hoy y siempre.
Y Dios es el mismo ayer, hoy y siempre.

El mar es el mismo, ayer, hoy y siempre. El aire es el
mismo ayer, hoy y siempre porque hay que llamar a

cada quien por su nombre. Porque cada quien es lo que es. Porque yo naci para ser yo y moriré siendo yo y seguire siendo yo por siempre para los que me recuerden.

Apocalipsis 1:08
"Yo soy el Alfa y el Omega ", dice el Señor Dios, " el que es y que era y que ha de venir, el Todopoderoso. "

Apocalipsis 4:08
Cada uno de los cuatro seres vivientes tenía seis alas y estaba cubierto de ojos por todas partes, incluso bajo sus alas. Día y noche no cesaban de decir: " Santo, santo, santo es el Señor Dios Todopoderoso, " quién era, y es, y ha de venir. "

Éxodo 03:13
Moisés dijo a Dios: " Supongamos que yo voy a los hijos de Israel, y les digo: "El Dios de vuestros padres me ha enviado a ustedes', y ellos me preguntan, '¿Cuál es su nombre?' Entonces, ¿qué les responderé?"

Tesoro de la Escritura Conocimiento
Y respondió Dios a Moisés: YO SOY EL QUE SOY, y él dijo: Así dirás a los hijos de Israel: YO SOY me envió a vosotros.
Yo soy ese.

Los 99 nombres de Dios en El Corán
Traducción Inglés de 99 nombres de Alá= God =
Creador
Asma al-Husna - Los nombres más bellos de Dios - los
99 nombres de Alá Para claracion de todos Alá es la
palabra DIOS en Arabe es como cuando decimos GOD
en Ingles, pero todos sabemos que no importa en el
idioma que lo digamos DIOS es Dios.
Lea la traducción de los 99 nombres de Alá en la
siguiente tabla.
Asmaa'u Allah Al - Husna
أسماء الله الحسنى

الل	Yo Soy El Mas Grande Nombre	Allah
الرحمن	Yo Soy El Mas Compasivo	Ar-Rahman
الرحيم	Yo Soy El Mas Misericordioso	Ar-Rahim
الملك	Yo Soy El Supremo Soberano	Al-Malik
القدوس	Yo Soy El Mas Puro	Al-Quddus
السلام	Yo Soy La Fuente De Paz	As-Salam
المؤمن	Yo Soy El Inspirador De Fe	Al-Mu'min
المهيمن	Yo Soy El Guardian	Al-Muhaymin
العزيز	Yo Soy El Victorioso	Al-Aziz
الجبار	Yo Soy El Comandante	Al-Jabbar
المتكبر	Yo Soy El Supremo	Al Mutakabbir
الخالق	Yo Soy El Creador	Al-Khaliq
البارئ	Yo Soy El Que Hace Orden	Al-Bari'
المصور	Yo Soy El Moldeador De Belleza	Al-Musawwir
الغفار	Yo Soy El Que Siempre Perdona	Al-Ghaffar

القهار	Yo Soy El Dominador	Al-Qahhar
الوهاب	Yo Soy El Que Todo Lo Da	Al-Wahhab
الرزاق	Yo Soy El Sustentador	Ar-Razzaq
الفتاح	Yo Soy El Que Habre Caminos	Al-Fattah
العليم	Yo Soy El Conocedor De Todo	Al-`Alim
القابض	Yo Soy El Opresor	Al-Qabid
الباسط	Yo Soy El Que Alivia	Al-Basit
الخافض	Yo Soy El Que Da Humildad	Al-Khafid
الرافع	Yo Soy El Que Te Orgullese	Ar-Rafi
المعز	Yo Soy El Que Otorga Los Honores	Al-Mu'izz
المذل	Yo Soy El Que Humilla	Al-Mudhill
السميع	Yo Soy El Que Escucha Todo	As-Sami
البصير	Yo Soy El Veedor de Todo	Al-Basir
الحكم	Yo Soy El Juez	Al-Hakam
العدل	Yo Soy El Justo	Al-`Adl
اللطيف	Yo Soy El Sutil	Al-Latif
الخبير	Yo Soy El Consciente De Todo	Al-Khabir
الحليم	Yo Soy El Paciente	Al-Halim
العظيم	Yo Soy El Magnifico	Al-Azim
الغفور	Yo Soy El Perdonador Y El Que Esconde Las Fallas	Al-Ghafur
الشكور	Yo Soy El Que Recompensa El Agradecimiento	Ash-Shakur
العلي	Yo Soy El Mas Grande	Al-Ali
الكبير	Yo Soy El Mas Grandioso	Al-Kabir
الحفيظ	You Soy El Preservador	Al-Hafiz
المقيت	Yo Soy El Mantenedor	Al-Muqit
الحسيب	Yo Soy El Que Te Equipa	Al-Hasib
الجليل	Yo Soy El Poderoso	Al-Jalil
الكريم	Yo Soy El Generoso	Al-Karim
الرقيب	Yo Soy El Observador	Ar-Raqib
المجيب	Yo Soy El Respondedor A Todas Oraciones	Al-Mujib
الواسع	Yo Soy El Todo Comprensivo	Al-Wasi

الحكيم	Yo Soy El Sabio	Al-Hakim
الودود	Yo Soy El Amoroso	Al-Wadud
المجيد	Yo Soy El Majestuoso	Al-Majid
الباعث	Yo Soy El Resurrector	Al-Ba'ith
الشهيد	Yo Soy El Testigo	Ash-Shahid
الحق	Yo Soy La Verdad	Al-Haqq
الوكيل	Yo Soy El Administrador	Al-Wakil
القوى	Yo Soy El Poseedor De Toda Fuerza	Al-Qawiyy
المتين	Yo Soy El Firme	Al-Matin
الولي	Yo Soy El Gobernador	Al-Waliyy
الحميد	Yo Soy El Elogió	Al-Hamid
المحصى	Yo Soy El Evaluador	Al-Muhsi
المبدئ	Yo Soy El Que Da Origen	Al-Mubdi'
المعيد	Yo Soy El Restaurador	Al-Mu'id
المحيي	Yo Soy El Dador De Vida	Al-Muhyi
المميت	Yo Soy El Tomador De Vida	Al-Mumit
الحي	Yo Soy El Por Siempre Viviente	Al-Hayy
القيوم	Yo Soy El Existente Por Si Mismo	Al-Qayyum
الواجد	Yo Soy El Que Encuentra	Al-Wajid
الماجد	Yo Soy El Glorioso	Al-Majid
الواحد	Yo Soy El Unico, El todo Incluido, El Indivisible	Al-Wahid
الصمد	Soy El Que Satisfase Todas Las Necesidades	As-Samad
القادر	Yo Soy El Todo Poderoso	Al-Qadir
المقتدر	Yo Soy El Creador De Todo Poder	Al-Muqtadir
المقدم	Yo Soy El Agilizador	Al-Muqaddim
المؤخر	Yo Soy El Demorador	Al-Mu'akhkhir
الأول	Yo Soy El Primero	Al-Awwal
الآخر	Yo Soy El Ultimo	Al-Akhir
الظاهر	Yo Soy El Que Se Manifiesta	Az-Zahir

الباطن	Yo Soy El Que Se Oculta	Al-Batin
الوالي	Yo Soy El Amigo Que Te Protege	Al-Wali
المتعال	Yo Soy El Supremo	Al-Muta'ali
البر	Yo Soy El Que Hace El Bien	Al-Barr
التواب	Yo Soy La Guia Al Arrepentimiento	At-Tawwab
المنتقم	Yo Soy El Vengador	Al-Muntaqim
العفو	Yo Soy El Que Perdona	Al-'Afuww
الرؤوف	Yo Soy El Clemente	Ar-Ra'uf
مالك الملك	Yo Soy El Dueño De Todo	Malik-al-Mulk
الجلال ذو الإكرام و	Yo Soy La Majestad y Recompensa	Dhu-al-Jalal wa-al-Ikram
المقسط	Yo Soy La Ganancia	Al-Muqsit
الجامع	Yo Soy El Que Unifica	Al-Jami'
الغني	Yo Soy El Rico	Al-Ghani
المغني	Yo Soy El Enriquecedor	Al-Mughni
المانع	Yo Soy El Que Preventor De Daño	Al-Mani'
الضار	Yo Soy El Creador De Lo Que Hace Daño	Ad-Darr
النافع	Soy El Creador De Lo Bueno	An-Nafi'
النور	Yo Soy La Luz	An-Nur
الهادي	Yo Soy El Guia	Al-Hadi
البديع	Yo Soy El Que Origina Todo	Al-Badi
الباقي	Yo Soy El Eterno	Al-Baqi
الوارث	Yo Soy El Que Hereda Todo	Al-Warith
الرشيد	Yo Soy El Maestro Correcto	Ar-Rashid
الصبور	Yo Soy El Paciente	As-Sabur

111

Dios es todo lo que necesitamos en la vida, y si lo sabemos es todo lo que necesitamos saber en todo momento de nuestra exitencia.

Salmo 46:10 en la Biblia.

Estaba meditando en esta palabra... (Estar quietos y sabed que yo soy Dios, seré exaltado entre las naciones, enaltecido seré en la tierra.)

En otras palabras cuando tengas temor tranquilízate y entiende que él está en control de todo y de todos.

Esto es exactamente lo que sucede cuando meditamos. Simplemente quédate quieto cuando Dios comienza esa conversación dentro de ti, pero no eres tú, y cuando esto pase tú sabrás inmediatamente que esas respuestas a tus preguntas no vienen de tu mente, si no del Creador. No es tu imaginación, porque es total mente diferente, ajena a tu propio pensamiento. Para esto no hay una forma especial de comunicación. Pasa cuando menos te lo imaginas, y es simplemente una voz que no puedes ignorar aun que trates. No temas cuando esto pase, acaba de aprender a escuchar. Él te revelará todo lo que necesitas saber, porque él es: "Yo soy", Dios, dentro de ti. No te confundas, no eres Dios, porque no se puede hacer nada sin él, pero cuando te enteres de que él está en ti, te sientes en paz, unificado, protegido por él. Es realmente satisfactorio. Si, en realidad sentirás que no necesitas nada más artificial, como las cosas materiales porque estarás satisfecho/a. Sentirás que no es necesario depender de nada más que Dios para ser feliz. Al mismo tiempo, aprenderás a verte a tí mismo y a los demás, como a ti mismo. Por lo tanto, aprenderás a entender que él está en los otros también, aprenderás a ver a la otra, sin juicios, porque sabrás que si tú juzgas al otro sólo te estás juzgando a tí mismo, porque son tu reflexión y que estas juzgando a Dios al mismo tiempo, porque está en los otros, al mismo tiempo que está en ti.

Los versículos paralelos
Nueva Versión Internacional
Él dice: "Estad quietos, y sabed que yo soy Dios; Seré exaltado entre las naciones, enaltecido seré en la tierra."

Nueva Versión
"Estad quietos, y sabed que yo soy Dios! Seré glorificado por todas las naciones. Seré glorificado en todo el mundo."

Inglés Standard Versión
"Estad quietos, y sabed que yo soy Dios. Seré exaltado entre las naciones, enaltecido seré en la tierra! "

Nueva Biblia de los Hispanos
"Estad quietos y sabed que yo soy Dios; Seré exaltado entre las naciones, enaltecido seré en la tierra. "
Biblia King James
Estad quietos, y sabed que yo soy Dios: Ensalzado he de ser entre las gentes, enaltecido seré en la tierra.

Nueva Versión Internacional
Detener su lucha - y saber que yo soy Dios, exaltado entre las naciones, exaltado en la tierra."

Internacional de las Américas
En el temor y sabed que yo soy Dios. Seré exaltado entre las naciones. Enaltecido seré en toda la tierra.

NET Bible
Él dice: "¡Deja tu esfuerzo y reconocer que yo soy Dios! ¡Yo seré exaltado sobre las naciones! ¡Yo seré exaltado sobre la tierra! "

Arameo de la Biblia en Inglés Simple
RETORNO Y sabed que yo soy Dios. Estoy exaltado entre las naciones y estoy enaltecido seré en la tierra.
LA PALABRA DE DIOS ® Traducción
Deja ir [de sus preocupaciones]! Y sabréis que yo soy Dios. Yo gobierno de las naciones. Yo descarto la tierra.

Jubileo Bíblico 2000
Estad quietos, y sabed que yo soy Dios; seré exaltado
en las naciones, enaltecido seré en la tierra.

Rey James Bible 2000
Estad quietos, y sabed que yo soy Dios: Ensalzado he
de ser entre las naciones, enaltecido seré en la tierra.

Americana King James Version
Estad quietos, y sabed que yo soy Dios: Ensalzado he
de ser entre las gentes, enaltecido seré en la tierra.

American Standard Version
Estad quietos, y sabed que yo soy Dios: Ensalzado he
de ser entre las naciones, enaltecido seré en la tierra.

Biblia Reina- Valera
Estad quietos, y ved que yo soy Dios; Seré exaltado
entre las naciones, y yo seré exaltado en la tierra.

Darby Traducción de la Biblia
Estad quietos, y sabed que yo soy Dios: Ensalzado he
de ser entre las naciones, enaltecido seré en la tierra.

Versión Inglés Revised
Estad quietos, y sabed que yo soy Dios: Ensalzado he
de ser entre las naciones, enaltecido seré en la tierra.

Traducción de la Biblia de Webster
Estad quietos, y sabed que yo soy Dios: Ensalzado he
de ser entre las gentes, enaltecido seré en la tierra.

La Biblia Inglés
"Estad quietos, y sabed que yo soy Dios. ¡Yo seré
exaltado entre las naciones.
Enaltecido seré en la tierra. "

Traducción Literal de Young
Desistir, y sabed que yo soy Dios, estoy exaltado entre
las naciones, exaltado seré en la tierra.

Impossible   **I'm** possible

Hace una semana, fui a un taller para los
negocios e internet. Adam Ginbergs menciono que él
tuvo un pensamiento en la mañana, mientras se
preparaba para su seminario. Le pregunté si podía usar
su frase porque la entendí muy bien, ahora que sé
quién es y de dónde esta Yo Soy. Él dijo: "Imposible
es Soy posible cuando se subraye las dos primeras
letras en imposible." La palabra imposible tiene las
primeras dos letras, que son "I'm" que en ingles
significan "yo soy." Yo Soy es el verdadero nombre de
Dios, el espíritu que está dentro de todos nosotros para
asistirnos en cada una de nuestras necesidades. La

palabra, "I Am," convierte la palabra en "Yo Soy Posible." En otras palabras, tratando de explicarlo en español, sería que con Dios todo es posible.

11 JESUS

Juan 19:26-27
Nueva Versión Internacional (NVI)
  26 *Cuando Jesús vio a su madre, y al discípulo
a quien él amaba, que le dijo: "Mujer, aquí tienes a tu
hijo", 27 y al discípulo: "Aquí tienes a tu madre." A
partir de ese momento el discípulo la recibió en su
casa.*

Despues de leer este versículo de la biblia le
pregunte a Dios, fiel a mi meditación, ¿por qué Jesús
no le dijo a Juan, "Juan aquí esta mi madre, cuida de
ella como si fuera tu propia madre. Y porque no le dijo
a su madre, madre de Juan como si fuera tu hijo.

Esto es lo que recibi como respuesta en mi
meditacion: Porque en Dios somos uno.

Las afirmaciones de Jesús sobre sí mismo

[48] Contestaron los judíos, y le dijeron: ¿No decimos con razón que tú eres samaritano y que tienes un demonio? [49] Jesús respondió: Yo no tengo ningún demonio, sino que honro a mi Padre, y vosotros me deshonráis a mí. [50] Pero yo no busco mi gloria; hay Uno que la busca, y juzga. [51] En verdad, en verdad os digo que si alguno guarda mi palabra, no verá jamás la muerte. [52] Los judíos le dijeron: Ahora sí sabemos que tienes un demonio. Abraham murió, y también los profetas, y tú dices: "Si alguno guarda mi palabra no probará jamás la muerte." [53] ¿Eres tú acaso mayor que nuestro padre Abraham que murió? Los profetas también murieron; ¿quién crees que eres?

Así es como Jesús le respondía a la gente que preguntaba quien era porque el sabía que no era Dios.

Juan 8: 54-55

54 Jesús le respondió: "Si yo me glorifico a mí mismo, mi gloria no significa nada". Mi Padre, el que vosotros decís que es vuestro Dios es el que me glorifica. 55 Aunque usted no lo sabe, yo lo sé. Si dijera que no lo hiciera, yo sería un mentiroso como vosotros, pero yo lo conozco y obedesco.

Jesus nunca mintió, pero no lo supimos interpretar

Jesús necesitaba como todos nosotros. El espíritu de Dios y el espíritu de Dios es lo que le hizo, quién era 'Jesus' y todas las cosas bellas que hizo.

Cuando estaba corrigiendo el libro en lo que respecta al tema de que Jesús nunca mintió, pero lo entendímos mal, tuve un sueño. Soñé que estaba corrigiendo el libro y en mi sueño yo estaba meditando. Y en mi meditación nuestro Creador me dijo que al pedirle a Jesús directamente por lo que queríamos, estamos negando a Dios o lo que Jesús, en cierto modo, como César. Porque cuando César se enteró de que necesitábamos para adorar un solo Dios, César quería ser el Dios y creó su estatua para ser adorado. Si pensamos que Jesús dijo que tenemos que leer de nuevo, pero esta vez tenemos que leer de una manera como estamos oyendo de sus propios labios lo que estaba diciendo. Porque si estamos pidiendo a Jesús y creemos que Jesús es el Dios, estamos haciendo de Jesús un ateo.

Por lo tanto, tenemos que escucharlo cuando le dijo a entrar por la puerta estrecha. ¿Por qué se responde de esa manera? Tenemos que aprender a leer la biblia y el Quran y el Torah como cuando estamos viendo un Logotipo, Hay logos que cuando los vez por fuera tienen un significado, pero si pones atencion y mirar mas adentro del Logo es alli cuando esta el verdadero significado. En el caso de la biblia hay que poner atencion a lo que dijo Jesus, por que eso es la clave, no realmente lo que los demas decian por que eso de alguna forma solo son especulaciones.

Pasando por la puerta grande es ir de acuerdo a lo que piensa todo el mundo, pero para llegar a la verdad de Dios ve por la puerta estrecha, ahí será donde recibiran el mensaje de la verdad. Normalmente nos perdemos en los detalles de la opinión de todos, pero, de nuevo, es la puerta grande. Esa es la puerta que te pierde, que de acuerdo a su pensamiento lógico, es el camino correcto. Ese es en realidad el camino que termina, en nuestro pensamiento lógico, y te lleva a vivir en agonía - con todos los tormentos y el dolor de tu alma. Eso no es estar vivo; es lo que se llama "la muerte del espíritu."

Y eso fue lo que yo aprendi de nuestro creador por que es verdad lo que nuestro creador dice: "clama a mi y te ensenare cosas secretas que tu no entiendes", lo mismo con el Torah tenemos que poner atencion en todos los libros de Dios los verdaderos mensajes no lo que los demas piensas incluyendo el Quran si ponemos atencion en la vida de Mohamed y cada cosa que el hizo y por que y lo que el dijo habla de unificacion y tambien, recomienda a todos que busquen la verdad en todos los demas profetas y mensiona, a Jesus, a como a Moises Abraham y a los demas profetas.

Para ser honesta, en conclusión de toda esta investigación, la meditación, y los sueños, veo que Muhammad fue un hombre que pasó por un gran número de dificultades desde que era un niño. Hubo un momento en su vida que necesitaba a Dios y Dios estaba allí para él, al igual que con cualquier otra persona que lo necesita. Todo el mundo ha estado buscando en la Biblia, donde Muhammad esta en ella con el fin de creer en su mensaje porque todo el mundo quiere ver a través de las Escrituras literalmente, palabra por palabra. Si ellos entienden que nada en esta tierra se mueve sin la voluntad de Dios, entenderán que todo lo que está en este mundo, incluyendo a Muhammad, es con la voluntad de Dios, al igual a que mucha gente habla de la hoja que cae del árbol en el preciso momento, cuando Dios permite que suceda. No, en la Biblia no dice en esas palabras específicas, sino que explica que Dios está en control de cada cosa en la Tierra y en el Cielo.

Si te puedo decir una cosa, Muhammad era un hombre en necesidad, y cuando se tiene la necesidad de Dios, siempre está ahí para ti como se dice en la Biblia. Si tú quieres encontrar una forma más clara de lo que estoy diciendo, te puedo decir que Jesús, antes de morir, dice esto:

Juan 14:15 "Si me amáis, guardad mis mandamientos . 16 Y yo rogaré al Padre, y os dará otro Paráclito, para ayudarle a usted ya esté con vosotros para siempre: 17 el Espíritu de verdad."

Lo que yo entiendo acerca de Muhammad es que en realidad está dando apoyo a Jesús y todo lo que dijo en la Biblia. Si quieres saber la verdad, hay que atenerse a quien dio los mensajes. En este caso, Muhammad fue uno de los que tenía el Espíritu de la Verdad y que realmente te está diciendo que escuches a Jesús, no a los espectadores, porque cada uno tiene su propia opinión hasta hoy. No tiene nada que ver con la verdad. No podemos juzgar a las religiones o personas. En su lugar, tenemos que llegar a conocerlos y comprenderlos. Si deseas saber más acerca de Muhammad, mi sugerencia es que leas el Corán y sabrás que te guiará a través de Jesús, con nada más que la verdad.

Una vez que estás con Jesús y lees la Biblia, tienes que seguir sus pasos, al igual que lo dijo, pero no te pierdas en los pasos de los espectadores. Lo mejor es concentrarse en lo que dice Jesús y encontrarás la verdad de sus propias palabras. Después de esto, lee acerca de Moisés porque es cuando Dios le dio su nombre por primera vez, "yo soy el que soy" y sabrás por qué Jesús dijo "Yo soy el que soy."Después de eso, lee acerca de Abraham y sabrás que en los tiempos de Abraham, Dios no tenia nombre. Muchas veces Jesús dijo en la Biblia que él no era Dios.

Este uno de los ejemplos de lo que estoy explicando:

Alguien le preguntó: "Señor, ¿son pocos los que se salvan? " No le gustaba el hecho de que esta persona estaba llamándolo "Señor".en la traduccion en la biblia en ingles en este parafo de la biblia esta traducido Lord que significa Dios osea refiriéndose a Jesus como Dios.

Es por eso que su respuesta fue en Lucas 13:24 "Esfuércense por entrar por la puerta angosta, porque muchos, os digo, tratarán de entrar y no podrán. 25 Una vez que el dueño de la casa se levante y cierre la puerta, vosotros, afuera golpeando y pidiendo: "Señor, abre la puerta para nosotros. ' "Pero él responderá: "Yo no te conozco ni de dónde vienes. ' 26 " Entonces dirán:" comimos y bebimos contigo, y has enseñado en nuestras plazas. "27 " Pero él les responderá: " yo no te conozco ni de dónde vienes. Lejos de mí, todos los malhechores!'"

¿Por qué se habla de la puerta estrecha y la puerta grande? Lo hizo porque hay mucha gente que está mirando a la puerta grande, lo que implica que él es el Señor. Pero si usted escucha cuidadosamente a través de sus palabras, él no estaba mintiendo. Solicitó en Mateo 7: 21-23 esto:

21 "No todo el que me dice 'Señor, Señor', entrará en el reino de los cielos, sino el que hace la voluntad de mi Padre que está en los cielos. 22 Aquel día muchos me dirán: 'Señor, Señor, ¿no profetizamos en tu nombre, y echamos fuera demonios en tu nombre, y hicimos muchos milagros en tu nombre »23 Y entonces les declararé:" Jamás os conocí; Apartaos de mí, hacedores de maldad"

¿Por qué crees que estaba tan disgustado que él se refirió como "trabajadores de la anarquía" a la gente que lo llama Señor, echad fuera demonios, e hizo milagros en el nombre de Jesús? Pero entonces ellos están diciendo: "Señor, Señor ¿no profetizamos en tu nombre ..." de una manera que dice, " te hemos escuchado cuando nos pediste que solo pidiéramos en el nombre de tu Padre y no en tu nombre." En realidad, todo lo que estábamos haciendo estaba profetizando por que hasta el dia de hoy aunque Jesus fue muy claro en la biblia que no pidieran en nombre de Jesus si no que en el nombre de su Padre, que es el verdadero Señor.de los cielos por que Dios es un espíritu que estaba tanto en Jesus como en todos nosotros, Pero Jesus fue muy obediente a su comunicación con Dios que estaba en su espíritu y eso es lo que tenemos que aprender de Jesus.

En Mateo 24 dice 35 "El cielo y la tierra pasarán, pero mis palabras no pasarán. 36 Pero de aquel día y hora nadie sabe, ni aun los ángeles del cielo, ni el Hijo, [a] sino sólo el Padre".

Me pregunto por qué, ¿si Jesús era el Dios, él no sabe cuando el último día es y fuertemente sugiere que pidan a través de la voluntad de su Padre? Y él dijo a sí mismo que no sabía y nadie más que su padre lo sabe y él sugiere que veamos más allá de lo que todo el mundo ve, la puerta grande. Mucha gente está tratando de entrar en el Cielo, entrando por la puerta grande, que está fuera de ti. La puerta estrecha está dentro de ti. Habla de los Cielos y de la Tierra de fallecer, pero que su palabra nunca pasará porque ahora estamos viendo las palabras que dijo y sus palabras no han fallecido. Y ahora a través de su propia palabra sabemos que Jesus no era Dios, el Creador. Y él no sabe cuándo llegará el día en que su Padre vendrá. ¿Por qué? Todos sabemos que la definición del tiempo es una ilusión y que todos tenemos diferentes horarios munidialmente. Por lo tanto, no puede venir en un momento concreto para nosotros, porque en verdad el tiempo no existe. El día del juicio realmente es ser juzgado por los demás y condenado por otros hasta que sientes la necesidad de como tener esa conversación con Dios dentro de ti.

Cuando Jesús fue crucificado, fue la única vez que Jesús tenia duda y estaba con miedo. Estar en la duda y el temor, de acuerdo con la Biblia, es estar muriéndose, es estar en agonia. De acuerdo con la Biblia, el significado de la muerte que para nosotros es algo diferente a lo que creemos. Escuandole a Jesus que en la Biblia el es la palabra, Jesus dice que la muerte es dormir. Nuestro pensamiento lógico es que la muerte no es estar vivo cuando de acuerdo a los moribundos en otros palabras muertos en vida por que estan con vida pero muertos de espíritu. De acuerdo a la Biblia estar vivo pero angustiado, es estar muerto en vida. Esto es lo que se menciona en Mateo 27:46

"46 Sobre las tres de la tarde, Jesús exclamó en alta voz:'Elí, Elí, [a] lemasabachthani?' (Que significa "Dios mío, Dios mío, ¿por qué me has abandonado?").

Eso fue para enseñarnos que cuando dudamos, vivimos en la condenación. Cuando estamos en la condena que en realidad no estamos vivos porque el

Espíritu de la Vida, que es el Espíritu de Dios, no está ahí dándonos vida. Cuando no estamos en el Espíritu de Dios, no estamos vivos. Es cuando estamos tristes, cuando estamos condenados, cuando estamos celosos, cuando somos críticos, cuando guardamos rencor. Ahi es cuando no sólo estamos muertos, pero estamos en el infierno. Si morimos, de acuerdo con lo que la definición de muerte es por nosotros, por la culpa, morimos con ese estado de ánimo. Hasta que nos damos cuenta que el tiempo no existe y que la muerte es estar vivo. Y es por eso que Jesús explico a uno de sus seguidores en Mateo 08:22 " Pero Jesús le dijo: Sígueme; Deja que los muertos entierren a sus muertos" Cuando Jesús dijo esto, Jesús pudo haber dicho "vamos a reunirnos en algún lugar más otro día después de enterrar a su padre. " O "Voy a esperar a que entierre a su padre y darle el pesame. " Pero él quería asegurarse de que supieramos que morir no significa lo que es para nosotros en nuestro pensamiento lógico. No estaba siendo grosero o sarcástico, ni cuando le hicieron saber acerca de que Lázaro estaba muerto ya por cuatro días. Lázaro no era importante, la importancia fue en el mensaje, que es: El significado de morir es solo dormir de acuerdo a lo que Jesus dijo en la Biblia. Cuando Lázaro despertó, no sabía cuánto tiempo había estado dormido o si estaba muerto o durmiendo. En realidad, cuando nos vamos a dormir, no sabemos cuánto tiempo estamos dormidos hasta que veamos el tiempo.

Cuando se habla de la muerte de Jesus en la cruz, para decir verdad no se habla de la muerte carnal sino de la muerte espiritual, que fue en su único momento de duda. Porque el no murió, sino que paso a otro nivel de vida.

JESUS HABLANDO DE UNIFICACION

Asi es como Jesus explico que somos uno y como dijo que le pediria a su Padre que nos diera otro defensor o creyente de la verdad y tambien como el explica que el no volvera porque ya no lo veran mas. Eso quiere decir que el no regresara como mucha gente cree, pero lo que esta en vida es el Espiritu de Dios que esta dentro de todos nosotros, siendo un Espiritu de Dios para todos.

Juan 14: 15-21

¹⁵ Si me aman, obedezcan mis mandamientos. ¹⁶ Y yo le pediré al Padre, y él les dará otro Abogado Defensor, quien estará con ustedes para siempre. ¹⁷ Me refiero al Espíritu Santo, quien guía a toda la verdad. El mundo no puede recibirlo porque no lo busca ni lo reconoce; pero ustedes sí lo

conocen, porque ahora él vive con ustedes y después estará en ustedes. [18] No los abandonaré como a huérfanos; vendré a ustedes. [19] Dentro de poco, el mundo no me verá más, pero ustedes sí me verán. Dado que yo vivo, ustedes también vivirán. [20] Cuando yo vuelva a la vida, ustedes sabrán que estoy en mi Padre y que ustedes están en mí, y yo, en ustedes. [21] Los que aceptan mis mandamientos y los obedecen son los que me aman. Y, porque me aman a mí, mi Padre los amará a ellos. Y yo los amaré y me daré a conocer a cada uno de ellos.

Y este es el significado verdadero del libro Unificado.

OTRAS MANERAS EN LA BIBLIA DEMOSTRANDO QUE SOMOS UNO

Otras Traducciones de Mateo 25:37

Entonces los justos shal answere él, diciendo: Señor, ¿cuándo Te vimos hambriento, y Te Fedde? O thirstie y Gaue Te Drinke?
- King James Version (1611) - Ver 1611 Biblia Scan

*"Entonces los justos le responderán diciendo: Señor,
¿cuándo te vimos hambriento, y te sustentamos, o
sediento, y te pondré {algo} para beber?*
- Nueva Versión Internacional (1995)

*Entonces ella le responda a los justos, diciendo:
Señor, ¿cuándo te vimos hambriento, y te dimos de
beber? o sediento, y te dimos de beber?*
- American Standard Version (1901)

*Luego se los rectos hacer respuesta a él, diciendo:
Señor, ¿cuándo te vimos en la necesidad de comida, y
darle a usted? o en la necesidad de beber, y darle a
usted?*
- Inglés Básico Biblia

*Entonces los justos le responderán diciendo: Señor,
¿cuándo te vimos hambriento, y te nutre, o sediento, y
te dio de beber?*
- Biblia Darby

*Entonces le responderán los justos, diciendo: Señor,
¿cuándo te vimos hambriento, y te dimos de beber? o
sediento, y te dimos de beber?*
- La Biblia de Webster

*`Cuando, Señor, los justos le contestarán:` te vimos
hambriento, y se alimentan de ti, o sediento, y te dimos*

de beber?
- Biblia Weymouth

Entonces los justos le responderán, diciendo: Señor,
¿cuándo te vimos hambriento, y te sustentamos, o
sediento, y te dimos de beber?
- La Santa Biblia Inglés

Thanne hombres IUST Schulen answere a hym y SEIE,
Señor, whanne siyen te hemos hambriento, y te
Fedden; thristi, y yauen a ti Drynk?
- Biblia Wycliffe

`Entonces le responderéis los justos, diciendo: Señor,
¿cuándo te vimos hambriento, y nos alimentamos? o
sediento, y nos dio a beber?
- Youngs Biblia Literal

Mateo 25:35-36

Nueva Versión Internacional (NVI)
35 Porque tuve hambre, y me disteis de comer, tuve
sed y me disteis de beber, fui forastero y me
recibisteis, 36 Inecesité ropa, y me vistieron, estuve
enfermo y me visitasteis, estuve en la cárcel y vinisteis
a verme. "

Esta forma la forma en la cual Dios nos está

diciendo que está en todos nosotros de manera indiscriminada, por lo tanto seamos cuidadosos al juzgar la gente, porque la otra persona que usted esta juzgando es su reflexión y Dios está en el otro como es en sí mismo.

Creo que Dios está tan disgustado con respecto a la gente que habla detrás de la otra, o para juzgar a la otra. Esto es lo que está en El Corán acerca de juzgar a otros.

Es como cuando se come la carne de su hermano muerto.

"Hemos hablado acerca de la murmuración. Ahora una explicación de el verso y su aplicación a lo que hablamos. Esta palabra árabe 'gheebat' (murmuración) se debe pronunciar con las vocales 'ee' después de la primera letra 'g'. Si se lee con la vocal 'a' después de 'g' se convierte en 'ghaebat "que significa la" desaparición ".

بَعْضًا) بَعْضُكُمْ يَغْتَبْ (وَلَا

"... Ni vamos a algunos de ustedes de nuevo morder a los demás. (49:12) "

"Este es un mandamiento negativo. Ninguno de ustedes debe murmurar algunos de ustedes. Este estilo de hacer el pedido es para la estimulación, lo que significa que son uno. O los musulmanes! No realice copias de morder a vosotros mismos."

مَيْتًا؟) أخِيهِ لحْمَ يَأكُلَ أَنْ أَحَدُكُمْ (أَيُحِبُّ

"¿Alguno de ustedes les gusta comer la carne de su hermano muerto? (49:12) "

LA ÚLTIMA ORDEN DE DIOS QUE JESÚS DIJO

John 13:34
Nueva Versión Internacional
"Un mandamiento nuevo os doy: Que os améis unos a otros como yo os he amado, que también os améis unos a otros..."

Mi pregunta para ti es: ¿estás en el lado de Dios, porque Dios es uno, es la unidady diversivdad o que estás en el otro lado de la otra que quieren destruir y separar? En el lado de los otros es usted... de una u otra... sólo para tener la razon… Me doy cuenta de que no importa equivocarse algunas veces, siempre y cuando nos encontramos con la verdad ... porque nuestro ego es el que se preocupa por tener la razon y aun que hay veces sabemos que no la tenemos, incluso cuando sabemos que podemos estar equivocados. Pero en mi caso no me importaba estar equivocada, sólo quería la verdad no para mi EGO, si no para la liveracion de mi Alma y La Paz de mi misma. Y si Durante el Proceso del cual estube escribiendo este libro me di cuenta que estaba llena de muchas faltas que tenia que corregir por que havia jusgado a muchas personas sin ser Dios y la verdad somos malos jueces.

Ahora entiendo cuando se dijo o real mente se especulo esto en la biblia. Les repito que es más fácil para un camello pasar por el ojo de una aguja, que para un rico entrar en el reino de Dios. Por que estamos hablando de el Reino de Dios aqui en la tierra. Y para eso tendrian que poner a Dios por sobre todas las cosas. Y el Reino del que se habla es de el espiritu de vida el que nos da ese gozo y esa paz y ese poder sin tanto esfuerzo.

Como tambien entiendo cuando se dice que temamos del que mata al espiritu y no al cuerpo, por que Mohamed, Jesus, Mises, Abraham, y los demas profetas siempre hablaron de la muerte del espiritu y no del cuerpo, y ahora que entiendo de lo que hablaron cada uno de ellos logro comprender que tenian razon.

Cuando decimos que vamos al cielo, estamos hablando de un lugar en nuestra mente, al igual que cuando decimos que vamos al infierno. Es, así, un lugar en nuestra mente. Es por eso que a veces vemos gente que se queja de la vida tanto que dicen que esto no es la vida, que esto es el infierno. A veces han hecho la vida tan difícil para ellos de tal manera que se sienten que el infierno no puede ser peor que lo que ya tienen. Llegan a un punto en su mente que quieren llegar al infierno y ver si es peor que lo que ya está pasando. En el Corán, se dice que el infierno esta debajo del primer cielo. En otras palabras, el infierno o el cielo está en la tierra. Cuando me enteré de esto, personalmente, empecé a sentir más responsabilidad sobre mí y entendí más sobre la propia voluntad. Ahora sé que no puedo culpar a nadie más que a mí mismo por mi resultado. Sí, hay un infierno, se dice en la Biblia, el Corán y la Torá, pero mal entendimos su significado. Están hablando de ponernos en el lugar del fuego a través de nuestra mente, porque esa es la única forma en que matamos a nuestro espíritu. Ponemos nuestro propio espíritu en el infierno.

Quiero compartir este enlace con los lectores de Unificado. En este enlace, Andy Weir escribió una historia corta, a su manera, de cómo somos uno. En Unify, tengo diferentes explicaciones de cómo esto puede ser muy posible, porque somos un solo espíritu de Dios que vive varias vidas.

www.galactanet.com/oneoff/theegg_mod.html

12 TIEMPO Y DINERO

En este lapso, en el cual estuve meditando, con respecto al tiempo y dentro una etapa muy intensa, que por mucho que intente comprender, aun me cuesta mucho entenderlo, pero por difícil que sea, debo hablar de esto, en todos los libros de Dios se habla que los hombres de aquellos tiempos vivieron muchos años, se dice que alrededor de 700 y 900 años.

Porque ahora la gente este viviendo tan poco tiempo en comparación de esas personas, como por ejemplo: Adán e Ibrahim que vivieron (de acuerdo a los libros) 900 y 700 años aproximadamente, y ahora se vive alrededor de 70 a 120 años y lo máximo, según la Biblia, pero en El Libro de de record Guiness, en cuestión de longevidad (y de acuerdo a sus propias investigaciones) dice que han logrado verificar, que fue un hombre llamado Tomoje Tanabe de Japón (113 anos)Pero...

No reconocerán Habib Mian, debido a sus registros verificables, que dice tener 130 años en lugar de 138 y la diferencia de que él, seguirá siendo el hombre más longevo del mundo. Al menos el ya citado Libro de los Récords Guiness, reconoció el estatus de Habib Mian como el hombre más viejo del mundo en su edición de 2005.

Esa noche me dormí con más preguntas que respuestas, lo curioso fue que al dormir seguí con esa lluvia de dudas en mis sueños, como reviviendo el momento tenia esas preguntas estando despierta, pero esta vez al estar meditando durante toda la noche dormida y soñando estaba obteniendo las respuestas que necesitaba, era algo inexplicable pero al mismo tiempo yo estaba fascinada con todo esto, que al despertar, seguía escribiendo mi libro por que las repuestas eran tan claras que al día siguiente las recordaba con toda claridad.

Esta noche fue única, fue una meditación de toda la noche, que no sabia al final si estaba dormida o despierta, pero si, finalmente desperté y seguí cavilando sobre todo este tema, cuando esa voz me dice estas cansada, duerme y mañana escribe lo que soñaste y meditaste, me di la media vuelta en la cama para poder dormir, para mí fue mucho, en realidad fue muy poco, tal vez minutos y en eso nuevamente retumba esa voz en mi interior.

Levántate por que ya es hora de escribir,

Y yo digo, pero si me acabo de dormir como quieres que me levante cuando hace unos minutos me dormí, y respondió algo me daba una nueva idea sobre mis conjeturas. Me dijo que así habíamos estrechado el tiempo de corto, en comparación a esos años, donde la gente no se preocupaba ni por el tiempo ni por el dinero porque solo eran una ilusión para todos, solo eso. Entonces me cuestiono, ¿cuánto tiempo crees que dormiste? Lo pensé tan solo un instante, cuando me di la vuelta para dormir y hasta despertar, respondí, aproximadamente, no se 5 a 10 minutos máximo, y esa voz en mi mente me dijo, pero te sientes cansada o descansada?, y dije bueno me siento descansada como si hubiera dormido toda la noche.

Su repuesta fue. Es así como hemos acortado en tiempo a minutos por el hecho de querer vivir tanto tiempo y creer que tenemos o podemos tener el control de ello y no es así, Es Nuestro Creador, es por eso que hemos acortado en tiempo, a solo minutos de vida, te queda claro? por que hay quienes viven y mueren en solo minutos de vida. Y siguió explicándome como es que el tiempo y el dinero son una ilusión nada más...

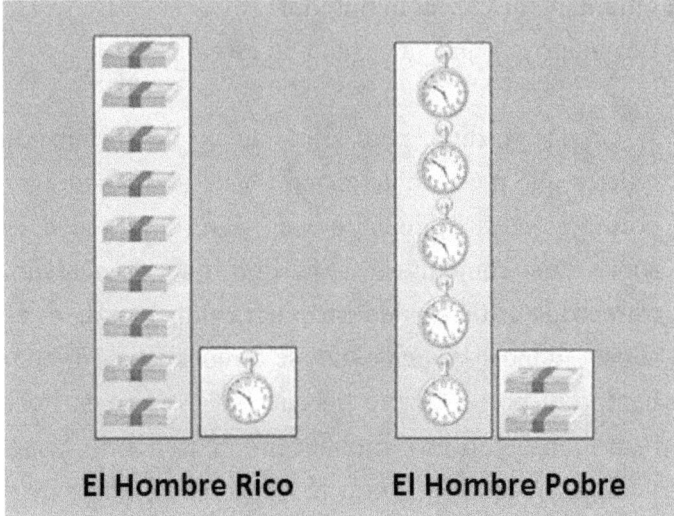

El Hombre Rico   **El Hombre Pobre**

En el caso del Rico: Quiere estrechar el tiempo tanto, que tiene que hacer citas, para poder dividirlo entre las personas que el quiere ver solamente. Porque de otra forma no le alcanzaría ni para el mismo, para poder disfrutar de su dinero y aunque el dinero no le preocupa porque tiene demás, si le inquieta la idea de no tener el tiempo suficiente.

Por el contrario, el pobre tiene suficiente tiempo, no es eso lo que le preocupa, sino el dinero que por lo general no llega a sus manos como a él le gustaría, regularmente tiene tiempo para poner comer

en casa y disfrutar de su familia por ejemplo, cosas que
el rico no puede hacer, pero como el pobre no tiene
suficiente dinero, siempre lo anda estrechando para
que le alcance para todos sus gastos esenciales, o
básicos.

Pero lo que cuenta es que disfruten su estadía
en este mundo, porque los pobres son ricos en tiempo y
los Ricos son ricos en dinero (que gran controversia),
pero al final todo esto es efímero, pues ninguno de los
dos puede llevarse nada de lo que están tratando de
administrar, los ricos tratan de alargar el tiempo para
tener más dinero, y lo que no saben que únicamente
son administradores de lo que creen tener. Y aún así,
siempre están pensando en hacer tiempo para poder
disfrutar de su dinero, por que al final de su atareado
día , no hay tiempo ni para el mismo, y muchas veces
ni aun para celebrar días festivos en familia. Porque al
final de cuentas que es lo único real en la vida, sino el
momento a momento vivido.

Ahora analizamos un poco la situación de el
pobre, esta tan empeñado en conseguir el dinero para
entonces poder ser feliz y poder disfrutar la vida (el
dinero compra lo material, no la felicidad) pero no se
da cuenta que cuando consigue el dinero, siempre
quiere mas y mas, porque piensa que entre mas tiene
mas feliz será.

En uno de esos sueños reveladores, fue cuando me dijo que en la otra vida, tal como aquí, el esta en control del tiempo, intangible, tanto que no existe cuando morimos, me dijo que morir es soñar, pero en un sueño muy profundo, que aunque nos muevan y hagan lo que hagan con nuestro cuerpo, no podemos despertar ya mas a esta vida. No es morir como nosotros pensamos, ya que cuando morimos confiamos nuestras vidas en el sueño eterno. Quisiera pensar, que lo que soñamos al morir, es una continuación de donde nos quedamos al expirar nuestra vida, o es que pasamos a una nueva vida inmediatamente, o no sabemos distinguir, que pasa exactamente cuando nos dormimos y soñamos, pero no sabemos si estamos soñando o estamos despiertos, por raros que sean nuestros sueños con respecto a esto, ya fue confirmado, tanto en la Biblia como en el Corán, el cual se asegura que el morir es dormirse.

Esto me de haberlo vivido ya, recuerdo que cuando era niña, yo tenía aproximadamente 8 años, cuando trepe a un árbol a cortar una fruta y en un descuido caí de ese árbol, pero el árbol era muy alto, cuando caí quede inconsciente, me acompañaba una amiga de mi mama que de inmediato me levanto, para llevarme con ella, estaba llorando con tanta desesperación por que me gritaba que volviera en mi, yo le decía que yo estaba bien, yo le gritaba que yo estaba bien, pero tanto ella, como mi mama no me podían oír, hasta que en verdad volví en mi por completo y les explique, que yo les gritaba diciéndoles que estaba, bien pero ellas me dijeron que no escucharon nada, me tocaban el pulso y no lo tenía, pero yo sentía que seguía viva y les hablaba, sin obtener resultado, no sé realmente si ese es el caso similar a cuando en verdad uno muere y puede hablar sin ser escuchado o es acaso una corta etapa de transición.

Estaba teniendo una conversación con mi hijo adolescente y estaba un poco frustrada con respecto a que el no controla su tiempo de una forma adecuada. Debido a que yo estaba viendo que se toma su tiempo a lo que respecta a todo. Hubo un momento en que me sentí frustrada y le pedí que por favor administrara su tiempo correctamente. Empezamos a discutir en cuanto a ese tema porque él me estaba diciendo que él se siente mejor así, no preocupándose de tiempo. Durante mi vida siempre escuche que tenemos que saber cómo administrar nuestro tiempo pero ahora que recuerdo a mi madre, ella nunca se preocupó por el tiempo realmente hasta su momento final. Esa noche me dormí con esa pregunta hacia Dios que me ayudara a entender mejor el tiempo para poder solucionar el hecho que mi hijo no le preocupa el tiempo. Esa noche me desperté a las 3 de la mañana y nuestro Creador me dijo a través de la meditación que ya no trate de controlar el tiempo. Le pregunté por qué, si todo el mundo ha estado hablando acerca de cómo administrar el tiempo desde que puedo recordar. "Su respuesta fue que aprenda ha administrar las cosas. " En ese momento me recuerdo de mi madre cuando solía decir que sólo somos los administradores de las cosas que pensamos que tenemos. Y ese ha sido nuestro error durante años y años. Pensamos que al hacer los años , meses , horas, minutos y segundos podríamos controlar o administrar el tiempo, pero al hacer eso retrasamos el momento de nosotros recibir la gracia de nuestro Creador. ¿Tengo una pregunta para ti que es un momento? Esta es la forma en que se me explicó por nuestro Creador: un momento es una eternidad, por lo tanto, el tiempo está contra la velocidad. No hay tiempo, es una ilusión que hemos creado. Después de eso, pensé en el tiempo y la eternidad en el infierno. Te puedo decir que he experimentado el peor infierno en el momento de la eternidad. Para mí fue cuando me informaron que mi hermana menor fue asesinada. Yo puedo decir que fue un infierno eterno, pero fue un momento de eternidad. Ese momento que fue una eternidad mato a mi espíritu de alegría. Esto es lo que se menciona en todos los libros de Dios, nuestro Creador. En ese momento yo quería ir y pedirle a la persona que mató a mi hermana quien les había dado el derecho de hacer lo que hizo. Nunca supe quien mato su cuerpo. No quise saberlo, no quisimos abrir ninguna investigación. Porque incluso si lo hubiera hecho, ella nunca volvería. Con el tiempo he aprendido a perdonar a los que mataron a mi Hermana, incluso después de todo el dolor que había causado a mi familia y a mí, que te puedo decir con todo mi corazón que yo no quiero que nadie experimente el dolor que sentía en ese momento de eternidad. Ahora que yo realmente sé lo que somos me di cuenta de las personas que mataron a mi hermana eran personas inocentes porque no sabían lo que hacían porque si supieran lo que estaban hacienda nunca lo hubieran hecho. Ahora entiendo cuando Jesús dijo: "Padre, perdónalos, porque no saben lo que hacen."

Recordando las palabras de mi madre: "Nosotros sólo somos los manejadores de lo que creemos tener." Ahora entiendo a qué se refería. Nuestro Creador me dijo cuando estamos tratando de manejar el tiempo estamos perdiendo el tiempo porque nunca podremos manejar el tiempo, pero si las cosas. El tiempo es manejado por nuestro Creador solamente. Y sí, el dinero se puede administrar pero nunca el tiempo. Recuerdo las conversaciones con mi madre, trae esos recuerdos de nuevo a mí. Uno de ellos es cuando ella me dijo que cuando ella y mi padre comenzaron no tenían nada. Cuando mi padre trabajaba, solía darle dinero para ella y mis hermanas, porque yo no había nacido todavía. Hubo un tiempo cuando ella dijo, "este dinero no es suficiente para todos mis gastos del mes." Se preguntó cómo podía tener más dinero para cubrir todos sus gastos. Nuestro Creador tenia una contestación para su pregunta, la cual que ella decidió poner en acción. Fue una gran idea. Ella solía vivir en una ciudad más grande así que ella comenzó a comprar cosas con el dinero que mi papa le dio, tomando los elementos a un pueblo pequeño donde no tenían esos artículos. En este pequeño pueblo había agricultores que Vivian de sus cosechas. Usando el mismo dinero que ya había invertido en ese pueblo compraba la cosecha de los agricultores y la llevaba al pueblo más grande. Y así siguió haciendo eso hasta que ella fue capaz de abrir su propia tienda de comestibles con el dinero que ella produjo durante ese tiempo. El mismo dinero que no era lo suficiente para los gastos de un mes se multiplico y sobro. Podemos quejarnos todo lo que queremos de nuestra situación, pero a veces eso no es suficiente.

Conquista Tus Temores

Estaba meditando en lo que respecta a conquistar los temores. Yo pensé: ¿Qué puede matar a Dios? La respuesta fue "Nada." En realidad tenemos miedo de casi cualquier cosa, pero a veces pienso que disfrutamos el miedo sin darnos cuenta. Bueno, al menos eso creo, que el miedo nos permite conocer y saber qué es lo que no queremos. Es como una aclaración en nuestra mente. Vemos las noticias o vídeos en el internet que nos da el virus de la mente (llamado miedo.)

Creo que ahora que sé el verdadero nombre de Dios, sé que con él, todo es posible, y que está dentro de ti. Quería compartir esto porque como he aprendido a ver las cosas de una manera diferente, quiero que todo el mundo, tanto como sea posible, sepan esto también. Cuando estamos viendo todo de una manera negativa, sin darnos cuenta, estamos actuando con miedo. Aprender el significado del miedo ayudó a darme cuenta de que es sólo un pensamiento en su mente que se puede cambiar en un momento. Yo no pude dar crédito a alguien por esta idea original, pero este es el significado del miedo: La palabra "fear" significa "miedo" en inglés. Y al desmenuzar cada letra de la palabra "fear," tiene este significado:

Falsas

Evidencias/Expectaciones

Apparentemente

Reales

En realidad, nada puede hacernos daño a menos

que lo permitamos. Oímos hablar de la contaminación del aire, contaminación del agua, las verduras con pesticidas, carnes con hormonas y efectos secundarios de los medicamentos que hacen más daño de lo que curan.

Por otro lado, tenemos a las personas que están comiendo las piezas del coche, vidrios rotos, espadas, nadando en temperaturas extremadamente frías, y caminando sobre brazas. Según algunos, el fuego quema. Vamos a ponerlo de esta manera, si le preguntas a uno de los espectadores que están viendo la gente caminar sobre las brazas, ¿por qué no lo intentas? Su respuesta será ¡Ni loco! ¿Por qué? Si todas esas cosas son tan malas para nuestra salud, entonces ¿por qué hay personas que, sabiendo que el cigarrillo produce cáncer, siguen fumando, mientras que otros mueren sin haber fumado en absoluto?

"Tus creencias se convierten en tus pensamientos,
Tus pensamientos se convierten en tus palabras,

Tus palabras se convierten en tus acciones,

Tus acciones se convierten en tus hábitos,

Tus hábitos se convierten en tus valores,

Tus valores se convierten en tu destino."

-Gandhi

¿Por que nos dio los mandamientos Dios y cuál es el primero? ¿Porque mentimos? ¿Cual es la necesidad de mentir? por que no confiamos en él? Mentimos porque sentimos que necesitamos cubrirnos para no vernos en problemas y que nosotros no podemos solucionarlos. Sentimos que si decimos la verdad nos va a ir mal y si nadie solo lo sabemos, los demás nunca se enteraran, pero se nos olvida, que si nosotros lo sabemos el también lo sabe. Nos olvidamos, que si nosotros lo oímos, el también. Si nosotros lo vimos, el también. Y si nosotros pensamos, el también lo sabe. En otras palabras, esta dentro de nosotros y ve con nuestros propios ojos y puede hablar por nosotros mismos, sin nuestra autorización. El no necesita nuestro permiso para hacer nada de eso. Porque robamos? por que no confiamos. ¿Cual es la intención de robar? Es por que no confiamos en el.

Por que sentimos que si no lo hacemos, no podremos resolver nuestras necesidades, las cuales estamos creando en ese momento, en el cual estamos cometiendo esas faltas. ¿O es que acaso hay alguna excusa para robar? En otras palabras ¿hay alguna excusa para no creer que Dios no puede proveer lo necesitamos?

Acaso el no tiene la capacidad de hacerlo? O poniéndolo de otra forma, todas las cosas que decimos para cubrirnos de las faltas que cometemos no son más que excusas por la falta de fe o confianza en Dios. No hay mentiras piadosas, eso fue un invento nuestro para cubrir nuestros deseos y nuestra culpabilidad. ¿Por que matamos? Por que sentimos que tenemos que tomar la venganza en nuestras manos, y no recapacitamos por un momento en la justicia divina. Todo lo queremos arreglar nosotros a nuestra manera.

Porque fornicamos? Porque sentimos que hay más de lo que tenemos, porque siempre estamos insatisfechos con los que Dios los ha proveído y creemos que nos podemos esconder de Dios, y lo podemos esconder y nadie se va a dar cuenta, solo que olvidamos que quien nos ve, es el más importante. Creemos que la felicidad se encuentra es las personas y las cosas o el dinero, y entre mas tenemos, mas queremos, y nunca agradecemos o aprendemos a apreciar el momento, siempre queremos pensar en el futuro, porque pensamos que nos va a traer mas de lo que ya tenemos, sin pensar que podría hacer lo opuesto. Tenemos que vivir el momento, porque ese momento del cual estamos viviendo, podría ser el ultimo de nuestras vidas. Siempre queremos todo y lo queremos ya, al instante, en una forma alargada.

Meditando, me di cuenta que la ciencia se aferra a seguir dando vueltas sin salir de la circunferencia, con respecto a la vida desde el primer día en el cual fuimos creados. La ciencia nos trata de hacer creer, que venimos de los monos y evolucionamos hasta convertirnos en lo que somos hoy. Mi pregunta para ellos es; ¿entonces quien hizo a los monos? ¿Y quien provoco esa explosión de la cual ellos afirman, se formo el mundo? ¿Y si es así, pueden ellos provocar una explosión similar, y crear a otros monos, digo hombres, en otros mundos?

Como pueden comprobar lo que hablan, por ejemplo la pregunta que muchos nos hacemos, tan sencilla pero que nadie ha respondido, ya que siempre se basan en pruebas científicas, para la ciencia ¿quien nació primero el huevo o la gallina? Para los que creemos en Dios sabemos que Nuestro creador creo a todos los animales por pareja y hasta la ciencia sabe que somos animales racionales. Mi pregunta es si saben eso, ¿por que no razonan y se dan cuenta de una vez por todas que fue la gallina y el gallo hechos por nuestro creador y luego les dijo que se reprodujeran?
Se han pasado preguntándole a la gente para confundirla, pero no se han dado cuenta, que los que están más confundidos son ellos. Pues con esa pregunta tan tonta, nunca encentrarán respuesta. Si tomaran el tiempo en enfocarse en la gente que se a curado de enfermedades consideradas "terminales" por la ciencia, ¿Cual es la causa de que una persona se

haya curado? Para saberlo, se hace una investigación muy profunda (hecha por personas expertas en la materia en cuestión) y al final de esta investigación encontramos que es gracias a su fe, por que los que están esperanzados en las habilidades de los Doctores terminaran, muriendo esperando un remedio a sus males.

Con esto no estoy asegurando que existen médicos que no creen en Dios, y temor a equivocarme, si aseguraría, que los que creen en Dios y siempre le piden por sus pacientes, son mas exitosos de los que creen que no lo necesitan. Y precisamente a ellos, a esos Médicos, a los que se sienten superiores y creen que no necesitan de Dios para subsistir y ellos lo pueden todo sin nuestro Creador, les doy un reto, que esculturen un Hombre de barro o lodo y lo formen, si son muy buenos escultores, tal vez lo podrán formar, quizás un hombre perfecto esculturalmente hablando, pero hasta ahí llegaría su obra. ¿Le podrán dar vida? Esa es mi pregunta. La pregunta existencial.

Otro tema por demás controversial, es el aborto. Con respecto a esto, te quiero hacer una pregunta, ¿que piensas, crees que tenemos derecho de interrumpir una vida? En mi concepto muy personal de la vida, no. Y no permitas que los Doctores (si se les puede llamar de esa manera) te confundan. Medita por lo menos un poquito sobre esto, pregúntate a ti misma que contemplas el aborto como una solución. ¿Que piensa nuestro Creador de lo que estoy a punto de hacer? ¿Como ve esto él? El único que puede dar vida. Yo se que los "Doctores" te dicen, especialmente si estas en inicio de tu embarazo, que el feto no está formado aun, que es solo tu periodo acumulado y por consiguiente, no estás haciendo nada malo.

Te dicen eso aunque sean solo dos días de retrazo del periodo menstrual y lo hacen por que solo era un retrazo y eso es lo que te quieren hacer pensar. No les escuches, por que ellos lo hacen por lucro, por dinero, porque ese es su negocio. Pero la verdad por experiencia propia te digo, esto que estas interrumpiendo es algo que nuestro Creador a planeado, y nunca sabrás que regalo tan hermoso pudiste obtener. Un regalo de vida que se te está otorgando y que no es dado a todo mundo (existen personas que nunca tendrá esa dicha). Ese ser que será tu razón de vivir. Y por mi propia experiencia, Cuando veo a mis niños comprendo el obsequio tan grande que me ha dado. ¿Te hubiera gustado que tu propia madre hubiera hecho eso contigo y tú no hubieras sabido nunca lo que es la vida? ¿No es perturbador pensar en esto?

Durante la meditación también tuve la oportunidad de preguntar a nuestro Creador, con respecto a la clonación, si el estaba permitiendo eso. Su repuesta fue la misma, quien da la vida es él y cuando clonan un ser, solo están cambiándole forma al cuerpo, el mismo cuerpo que el ya creo, porque después de todo, "el cuerpo es solo un disfraz." A ese disfraz solo el le puede dar vida, en otras palabras, es como hacer un injerto de dos árboles, pero nada mas. No estamos dando vida, solo cambiándole la forma a ese disfraz, es todo. Pero después por otra parte también me pregunte, si en verdad le gustaría a ese bebe que están, copiando ser en realidad como el otro, porque no se lo están preguntando, ni pidiendo su opinión. Podría incluso destruirle la vida, por que seria sin su autorización y siempre estaría pensando en como sería su vida si no lo hubieran copiado con el otro.

El punto aquí es que como humanos nos confundimos porque como sabemos que Dios esta con nosotros y en nosotros, pensamos que somos Dios y que podemos crear lo que quieramos. Pero cuando pensamos que somos Dios, nos estamos separando de Dios. Es nuestro ego tratando de demostrar que podemos ser mejor. Cuando eso pasa es cuando fallamos en nuestros intentos. Dios es nuestro Proveedor en cada cosa que tenemos y hacemos.

13 EL VIAJE DE MI MADRE

Tuve la oportunidad de estar ahí, en los últimos días de la vida de mi madre y estuve con ella en hospital por una semana hablando con ella. Ella tenía 75 años de edad, en su vida fue una persona profundamente religiosa, y aunque ella y yo no practicábamos la misma religión, en sus últimos días de su vida nos unimos en fe, yo sentía que tenía una oportunidad de preguntarle de todo, porque por su avanzada enfermedad, no tenía mucho tiempo para aclarar muchas de mis dudas, pero dentro de mí, sabía que ese era el momento, de preguntar antes que ella abandonara su cuerpo, sabía de antemano, que el tiempo era limitado, así debía aprovechar cada momento junto a ella y hablar de todo. Todas mis dudas con respecto a lo que yo quería preguntarle en ese momento, fueron contestadas. Lo lindo de todo fue que ella estuvo completamente consiente, hasta su último suspiro dentro de su cuerpo. Recuerdo que una de mis pregunta fue , madre que piensa de la religión que practico aunque se que anteriormente, cuando le pregunte me contesto con otra pregunta, que si al cambiar de religión era a Dios, el todopoderoso, el que creo a Adán y Eva al que adoraría, y me repuesta fue sí , es a él, pero en ese momento, quise volver a preguntarle antes de dejarla ir , madre, que Piensas de la religión que practico, y su respuesta fue:" Dios es amor, no religión porque de la religión en la que estuviera y prácticas, hicieras si no estás conectada a Dios no tiene sentido. Aun que hiciera todo lo que la misma religión exige para estar en ella, si no estaba conectada a Dios en fe, no tenía sentido, porque lo importante de estar conectada con él, es en fe todos los días de mi vida, porque con fe, no es necesario verlo para creer en él, porque cuando estas conectado con Dios, no hay miedo, ni hay odio, no hay rencor, ni envidia, ni hay vanidad, porque Dios, es todo lo contrario de eso, es verdad, es amor, es compasión, es entendimiento, humildad y bondad. Después que mi madre me explico eso, llego un momento en que ella se sentía con mucho sueño, ella me lo describió que era como cuando se está muy cansado y tiene muchas horas sin dormir, un sueño que aunque quieras estas despierto, tu capacidad y deseo de estar despierto, es superior a tus fuerzas, te gana y terminas durmiendo y caes rendido, con toda voluntad sin oponerte solo dejándote llevar por el momento, viviendo el último momento dentro de tu cuerpo único, perfecto, (disfraz) que fue hecho únicamente diseñado para ti.

Solo póngase a ver desde el momento donde se encuentre todos somos únicos (uno) para Dios, todos somos uno, sin repetir sin ser iguales, desde el lugar donde se encuentren, observen a su alrededor, y vean las caras de las personas que estén ahí y no encontraran una cara igual a la otra, por más que lo intenten, aun en los gemelos, encontraran una diferencia, pero volviendo al tema, con respecto a mi madre, algo que paso en su último día, la última vez que comió fue el día en que murió, ya no tenía hambre, pero yo le roge que por favor lo hiciera, como le insistí tanto, por fin acepto pero me dijo, está bien hija comeré, pero le pido a Dios, que este sustento que mi cuerpo está obteniendo, no llegue a mí, que llegue a todos los cuerpos de los que no tiene nada que comer, ya sea por encases o enfermedad. Y luego nos tomamos de las manos y empezamos a pedirle a Dios por toda la gente que estaba en necesidad de él, de fe para que Dios, para que entrara en ellos y los guiara, después, ella sola le pidió a Dios por mí, para que me diera sabiduría, y guiar a mi familia, y a todos los que me rodean, y dijo que ese era su último deseo. En ese momento que su alma aún estaba dentro de su cuerpo, antes de abandonarlo, me dijo que sentía un dolor en su alma.

Fue algo que dentro de los dolores, yo jamás había escuchado, pero le pregunte, madre, ¿Cómo es ese dolor? y me dijo que era un dolor inexplicable, como ella jamás había sentido.

Ya sentada al lado del cuerpo de mi madre sin vida, me di cuenta que por mucho que intentara hablarle, no era más que el "disfraz" que ella había usado en este mundo visible y lógico solo para ser visible a todos. Y que su alma ya no estaba dentro del cuerpo, Pero en ese momento cuando le hablaba y ella no podía responderme ya entendí que ella no era ese cuerpo que la verdad de ella estaba en su alma y su alma estaba viva   y que el morir es como cuando alguien se duerme, pero no sabe cuándo ya se durmió...Pregúntate, a ti mismo, como te sientes cuando tienes sueño, cansado, rendido, sin ganas de seguir despierto, todos esos los sentidos que sientes antes de dormirte pero si te preguntas ya me dormí? y te respondes no te has dormido, si no que cuando ya te dormiste, ya no sientes, y ya no estas consiente, no puedes ver, y si ves y pasas por situaciones dentro de tu sueño, no tienes control de lo que pasa o deja de pasar, porque solo te dejas llevar por tu inconsciente, pero al mismo tiempo todo, absolutamente todo lo que estás viviendo en tu sueño tu mente piensa que todo es real, por tonto que sea tu sueño o increíble que sea, y no lo sabes hasta que despiertas de él, que solo era un sueño nada de lo que experimentas era real, de lo que llamamos "Vida real" hasta ahora, porque aún no hemos experimentado otra cosa aun es lo que está en nuestra mente. Y llega a detenerte por un momento y luego te preguntas que es real de todo esto después de todo. He aprendido que es real no se ve, se siente.

Cuando un rico muere, o cualquier persona muere, la gente se pregunta ¿cuánto dinero dejo? y la repuesta es" todo," dejo todo, la cantidad es irrelevante, porque al final, no se llevara ni su cuerpo del cual se cree dueño. Solo experimenta, lo esa persona está sintiendo en ese momento de su vida, porque eso es solo una etapa, solo un momento, Re cuerdo a mi mama le gustaba compartir y recuerdo lo que ella quería evitar era que yo pensara, que si yo compartía se me iba a terminar.

Porque el solo hecho de pensar en encases, era como que yo empezaba a sembrar en mi mente que no tenía que compartir porque eso que tenía en frente de mi era solo para mí y si lo compartía se nos terminaba,

Los niños no saben mucho de lo que es compartir, prácticamente, nada en general de lo que es la vida, y nosotras como madres, muchas veces les tratamos de ayudar, con el hecho de decirles, tienes que compartir tu juguete nuevo, o la bolsa de frutas que corte para ti, si estamos en un parque y otro niño llega y se le antoja, pero se nos olvida que como humanos siempre tendemos a aprender lo que vemos desde niños, y no lo que les decimos a nuestros niños, queremos que ellos nos entiendan, solo con explicarles que el hábito de compartir es algo bueno.

Pero se nos olvida como adultos, que ellos tienden a copiar o a imitar lo que ven de nosotros, no lo que les estamos diciendo, porque se predica con el ejemplo, y terminan siendo muchas veces como nosotros los padres, egoístas, porque nosotros mismos les estamos enseñando algo erróneo, que no crean que hay en abundancia, pero solo para ellos, porque hay un límite y que no compartan, al final de todo creo que es consecuencia de la forma en la cual percibimos las cosas.

Supongo que en la mente de ella pensaba," tengo tanto, hasta para regalar y compartir" , y no lo contrario, "tengo tanto, hasta para tirar y no importa que otros no tengan," ese es su problema no el mío, como muchos lo vemos, porque cuando pensamos de esa forma, se debe a que creemos que somos nosotros lo que hemos hecho con nuestro esfuerzo, no reconocemos que es Dios, quien lo a proveído para todos, y creemos que a sido por el trabajo que hemos hecho o logrado, pero no nos ponemos a pensar que eso que llamamos trabajo, él lo a proveído también, hasta cuando llegamos al momento, que nos quedamos sin nada, lo logramos entender, que era Dios el que lo proveyó, como todo lo demás, y es cuando lo buscamos y le pedimos que nos provea, y es solo hasta entonces , cuando logramos entender que todo lo que tenía no era por nosotros, sino por nuestro proveedor. (Dios)

Pero por otro lado, cuando no logras entender lo que estás viviendo, o experimentando en tu vida, se irá haciendo más grande y más difícil porque no has logrado entender la razón por la cual estas pasando, hasta que logras entender que era necesaria para poder crecer espiritualmente.

Y por eso se ven casos, en los cuales algunas personas, se llegan a perder, porque no logran entender el mensaje, entre más difícil se le hace la citación en algunos casos extremos, hasta pierden la razón de ser, porque no logran encontrarse a ellos mismos. Te pones a pensar, todos sabemos lo que queremos y no queremos en nuestras vidas, pero tendemos a darle más énfasis, más energía a lo que no queremos que a lo queremos o sea más tiempo, pensado en lo que no queremos, que en lo que en verdad queremos disfrutar, de esto que llamamos "vida," Si te pones a pensar hay suficientemente agua para todos, si la buscamos, tanta que el mundo está rodeado de ella, y hay tanto dinero en el mundo, que si te detienes a pensar en todo el mundo no hay nadie que pudiera decir con exactitud, cuánto hay, porque si alguien que tratara de contar y cuando el terminara ya habría más, porque se está produciendo a diario en todo el mundo.

Yo pienso que Dios, como lo dice en todos sus libros sagrados, ya creo todo en abundancia para los que estamos con él en la tierra.

¿Pero que nos hace pensar lo contrario? es nuestro enemigo que actúa en nuestro propio pensamiento para desafiarnos. Algo así como "roba nadie te está viendo", si no te quedaras sin nada. "Miente, total solo tú lo viste, nadie sabrá nada", "toma tú la venganza por tu cuenta" y te sentirás bien, mas no sabes que la venganza envenena el alma y la mata, mas no temas del que mata el cuerpo si no el alma. Lo que él, no quiere es el apego a todo, porque cuando hacemos eso, nos hacemos dependientes de ello, y hay un punto que hasta lo convertimos en nuestro Dios, como el dinero y las cosas materiales y muchas veces las personas lo hacen.

Que experiencia tan maravillosa, haber visto frente a mí, el comienzo y el final de la vida, como el cuerpo se forma, cubriendo el alma y luego, como el alma abandona el cuerpo cuando se va.

De experimentar el hecho de estar aquí, me di cuenta, porque Dios no quiere que haya ningún apego a nada, ni a nuestro cuerpo, porque solo pensando de esa manera podremos tener de todo, y disfrutarlo minuto a minuto, solo como una experiencia de tenerlo para luego dejarlo ir sin ninguna dificultad, como todas las cosas, porque cuando nos consideramos dueños de todo, (como el dinero) empezamos a ser vanidosos, altaneros orgullosos, y viendo a la demás gente como algo menos que nosotros, nos creemos superiores, porque creemos que hemos tenido esos logros por mérito propio y por lo tanto nos pertenece, y con tal de defender esa idea, hasta matamos por eso, lo mismo pasa con las personas, o cosas, o aun peor con nuestro cuerpo, y si, es la casa en la cual habita nuestra alma, pero solo es una casa o un traje amoldado específicamente, y únicamente a ti, para tu alma.

Muchas veces nos preguntamos, porque pasan tantas cosas por las cuales sufrimos de alguna manera u otra, y luego le pedimos ayuda a Dios, y sentimos que no nos escucha, y a otros si, y pensamos en pedirle favor a esa otra persona que si está siendo escuchada, que nos ayude para que Dios nos escuche también, por medio de ella, pero ni aun así se logra lo que le hemos pedido.

Después de todo, me he dado cuenta de que la razón de por qué no creemos que él ya nos dio lo que le pedimos, e indirectamente nos negamos a recibir lo que le estamos pidiendo, al bloquearlo con la duda que tenemos.

Porque, si tenemos fe, no necesitamos de que alguien interceda por nosotros, porque la fe no se hizo para alguien en especial, para unos si y otros no, como todo lo demás que Dios creo, pero como todo, por esa manera de percibirlo, ha sido la manera de obtenerlo, por eso dice el dicho "cada cabeza es un mundo" y si volvemos a analizar un poco, en cierto aspecto es un mundo creado en la mente de cada persona, por lógica individual, así de simple, "cada quien termina viviendo, todo lo que termina creyendo". De la manera en la cual lo quieran proyectar, hasta aquí queda muy claro, que todo lo que nos pasa no son malas cosas, sino situaciones que tenemos que vivir para poder crecer, y pasar a otro nivel. O las situaciones que vivimos no son más que contrastes que tenemos que pasar, para poder escoger entre lo que realmente queremos y no experimentamos en nuestras vidas.

14 ANALIZANDO MAS ALLA DE LO QUE PODEMOS VER

Hace poco fui con mis niños, uno de 6 años y el otro de 13, A las Vegas Nevada. A mi niño más grande, se le ocurrió que quería ir a ver la exhibición que tienen en hotel Luxor, una exhibición de cuerpos humanos, no sabía en ese momento si era buena idea llevarlo. Por un momento pensé que a lo mejor le asustaría la idea de ver cuerpos sin vida, y probablemente hasta a mí.

Mi niño me dijo, "Si mami quiero ir a verlos."

La exhibición tiene cuerpos humanos desde el esqueleto humano real y otros cuerpos humanos, era interesante mirarlos, cuerpos sin vida disecados, pero nada de eso me impacto tanto como cuando empecé a ver los fetos, humanos reales, desde 6 semanas que es un pequeño puntito redondo de color de hueso, hasta unas semanas antes de los nueve meses de gestación, todo con la secuencia exacta, muestra cuando ese pequeño punto que se asemeja al describirlo, como cuando se perfora un folder o cartapacio y luego ese punto Redondo a las semana, se va allargando, tomando la forma de un huevo, dejando la forma redonda hasta que empieza a tomar la forma de un pez, y luego en la parte de abajo se abre una incisión, la espina dorsal, tomando la forma de las piernas. Empieza a separarse, hasta que poco a poco toma la forma completa de un bebe, tú piensas eso ya lo se, ya lo he visto muchas veces en revistas, libros, videos, y ya he tenido un bebe, en caso de una mujer, nada fuera de lo común, lo impactante fue verlo tan real no en libros o en revistas o en videos.

Y pensé, cuando en el Torah, La Biblia o El Corán, menciona que hay que temerle mas al que mata el alma y no el cuerpo, con la ayuda de mi niño de 6 anos pude ver la forma en que sus ojos percibían todo, era increíble apreciar cuanto estaba ante nosotros; cuando le dije mira mi niño, así eras tú, antes que fueras como eres ahora, un puntito insignificante que apenas se miraba, y eso que estamos hablando del momento, cuando ya fue visible, pero yo pienso que eso tenia que pasar, para que yo pudiera percibir lo que realmente paso en mi mente ese día, fue cuando entro en mi mente, como se habla del cuerpo, no es nada, fue entonces que entendí que el cuerpo es solo un disfraz, sin repetir, único, hecho para el alma, para poder ser visible a los ojos de todos, de ser uno más cuando el alma viene. Viene sin el cuerpo y utiliza este disfraz, por el periodo de tiempo de vida, hasta que lo abandona y se va. Sin el disfraz hasta el último día en este mundo, donde todo tiene que ser visible para ser creíble. ¡Interesante!

15 SUPERSTICIONES

Le pregunte a nuestro creador acerca de las supersticiones. ¿Son reales? Bueno supersticiones son simplemente pensamientos heredados de nuestros antepasados, como recetas de comida, que por una razón u otra tuvieron el inicio de pensamiento por una persona por alguna situación que esa persona estaba pasando. Y por la misma razón tuvo influencia en ese momento, porque algo paso en su vida y como coincidencia tuvo la experiencia y tenía que culpar a algo una causa aunque no tuviera sentido con lo ocurrido.

A decir verdad la superstición es una manera de manipular la mente para vivir en miedo y no en fe. Ejemplos de supersticiones son como quebrar un espejo, que se te caiga la sal al suelo, pasar debajo de una escalera. Otros cambian esas recetas heredadas porque no tiene ningún sentido ni beneficio, porque después de todo solo está en tu mente y nuestro creador es el que está en control de todo, no las supersticiones. Deja que Dios controle tu mente con pensamientos que te hagan sentir bien.

Las supersticiones son un ejemplo de irresponsabilidad del cual cuando nos pasa algo queremos echarle la culpa a alguien o a algo. Todo pensamiento tiene un inicio y todas esas supersticiones al igual tuvieron su inicio del cual aunque no tenía sentido fue como un virus de pensamiento contagiado hasta el día de hoy por algo que les paso y no quisieron tomar responsabilidad y por lo tanto le echaron la culpa a la sal por haberse caído al suelo y otros accidentes que nada tenían que ver con lo otro. Lo único que crea es miedo o inestabilidad emocional momentánea. Pero no tienes que creer todo lo que estés pensando y tan solo recuerda quien está en control de todo y de todos es nuestro Creador. Ve al parque o a caminar y observa los pájaros, las plantas como se mueven y piensa que no tienes que hacer nada para que eso este pasando, pero está pasando. Todo sigue pasando porque nuestro Creador está en control de todo en todo momento y realmente el momento que estas atravesando está a punto de cambiar pero en ese momento lo que necesitas hacer es disfrutar el momento. Porque el presente siempre será un presente. Y el presente siempre será un momento infinito, porque volviendo a lo mismo, el tiempo no existe.

16 COMO ACTIVAR LA FE DE UNA FORMA LOGICA

Me hice esa pregunta. Y la respuesta fue Ser ilógico, porque la fé, es como una concentración pura de energía positiva, que se dirige directamente con pensamientos, y tu tienes el control del volante, Si, eso sería una forma de pensarlo con lógica, o sea si tengo que creer en algo que yo no puedo ver, algo que ya le pedí a Dios en fe o en oración, como pedir que este saludable cuando me siento enfermo y no puedo ver que Dios, ya me lo concedió?, porque todo lo que estoy viendo son los análisis que el Doctor me está enseñando, y lo que él me está diciendo, es que los resultados de los análisis salieron bien.

Hacer de cuenta que lo que esta diciendo en ese momento, es otro diagnostico mas, que Dios ya te dio anteriormente. Y ese diagnostico que tienes enfrente es erróneo, pues está a punto de cambiar.

Para estar en fé continuamente, debo simular como cuando me dieron un papel de una película, el cual tengo que actuar y el papel de la película es que estoy completamente sano, que estoy bien, que gozo de perfecta salud y debo actuarlo todos los días y seguir practicándolo, hasta cuando ese papel de la película que me han asignado, me salga tan bien que todos los demás y yo me lo crea hasta el final de de la grabación, ya para ser expuesta a la vista por todos.

O cualquier papel en la película, el cual yo le he pedido a Dios. Pero qué pasa si Dios no me quiere dar dicho papel. Es porque el tiene otro mejor para mi, el cual yo desconozco, pero...será mejor que el que yo le estoy pidiendo actuar? Porque el rol que tiene designado para mí, va a tener una o el siguiente, mejor situación de vida, probablemente sea un papel protagónico. Eso es considerar un hecho de lo pedido a Dios en fe. Esta es una pregunta que todos nos hacemos, pero a decir verdad el nos da lo que nosotros mismos queremos experimentar, cada paso que damos tiene una consecuencia de lo que queremos experimentar en la vida bueno o malo. y es por eso que es muy importante el saber cómo pedir, para recibir lo que en verdad queremos recibir. Cuando ni aun nosotros sabemos lo que estamos pidiendo y cuales son las consecuencias que están por venir, y si estamos listos para aceptar y recibir lo que en verdad estamos pidiendo con responsabilidad todo sale bien. O por lo menos de acuerdo a lo que nosotros queremos en verdad. Por que dentro del paquete que has pedido viene de todo, con todo a lo mejor, hay una canción del compositor Ricardo Arjona las nubes grises también forman parte del paisaje.

Más nunca olvidando el presente que Dios nos regala cada día, y agradeciéndole por ese presente, considerando que el cambio esta por llegar, y aunque aún no es visible, prepárate para recibirle,   ese presente bonito que aun no llega, pero imagínalo ya estando allí con solo tu pensamiento.

Y cuando tengas sentimientos contrarios a lo que has pedido solo di, estoy en fé, y lo que estoy pensando y viendo solo es un momento que esta por cambiar, muchas veces pensamos cosas que no son ciertas, cuando esa sensación de negatividad retorne, recuerda que solo es un pensamiento, es todo, pero también ten en cuenta que tienes la habilidad de cambiarlo a otro más positivo, que te haga sentir algo más bonito, que la sensación que este otro te estaba causando. Cuando este mal pensamiento venga a tu mente cámbialo, como cuando cambias de estación de radio, Como cuando sale una canción de la cual no quieres escuchar y pasas a escuchar otra más bonita, de tu agrado.

A decir verdad, de todos los malos pensamientos que tenemos, no estamos al 100% de ellos y haciendo eso continuamente, puedes cambiar tu forma de sentir poco a poco, todos los días, por ejemplo la música, escuchar solo aquella que tenga buenos mensajes, te ayudara a levantarte el ánimo tanto como a meditar. Ejercitar tu cuerpo te ayudara a cambiar ese ánimo y sentirte agradecido por todo lo que tienes, empezando desde el hecho de poder respirar y todo lo demás que puedas percibir en ese momento de tu vida.

Cuando haces este llamado de conciencia, van a pasar una serie de situaciones dentro de ti, de antemano quiero que sepas que son normales de pensar o sentir, pero son necesarias para que te encuentres a ti mismo primero.

Muchas veces le pedimos a nuestro creador por algo, y vemos el resultado en el momento, pero hay otras en las cuales sentimos que, no, este no es el momento, hay veces que sentimos que si va a ser posible, pero necesitas tener paciencia y esperar con fé firme, pero en verdad siempre nos da lo que le pedimos en fé en oración pero somos nosotros los que bloqueamos lo que nos da por falta de fé o de una decisión clara de lo que en verdad queremos, pero hay ocasiones que cuando le pedimos sentimos que nos dice no, y es un rotundo no, y nos preguntamos, pero por que sentimos que lo que estamos pidiendo no se esta dando, la verdad es por la forma de pedir, por que si tu estas pidiendo que te lo de si te conviene y de acuerdo a lo que el sabe en tu futuro que esta por venir dentro de todas las experiencias que vienen para ti no te conviene, en ese caso no te da esa experiencia que quieres vivir. Es importante que cuando estemos en oración nos escuchemos nosotros mismos, porque justo eso es lo que estamos pidiendo viene con muchas sorpresas que probablemente no estemos listos a vivir en armonía. Necesitamos pedir claramente, sabiendo claramente lo que queremos con firmeza, como cuando te preguntan como te llamas respondes con firmeza y dices tu nombre.

¿Por que no? ¿Por que? y al paso del tiempo te hace saber muy claro por qué no.
Lo cierto de todo esto, es que he aprendido que el no improvisa, siempre tiene un plan para todos, los que no sabemos somos nosotros, nos desviamos haciéndonos daño, el simplemente nos reta a creer en su palabra, porque cuando dice no es siempre, es porque tiene algo mejor para nosotros, mejor plan del

que nosotros tenemos, porque siempre creemos que nuestros planes son mejores que los de nuestro creador.

Se nos olvida, que las adversidades por las que pasamos son solamente para aclarar nuestros sentimientos dando a nosotros mismos la claridad de no

Que en verdad estamos buscando en ese momento, mucho cuidado con todo esto por que si nos dejamos engañar por nuestro EGO nos puede dar un sentimiento falso un sentimiento guiado por nuestro propio egoísmo y no por el sentimiento real, el sentimiento puro, el sentimiento nato. Esos sentimientos encontrados nos vuelven ciegos a la realidad, y es por eso que no logramos ver en nuestros planes con claridad

Pensamos tontamente que vamos a lograr lo que queremos actuando y pensando lo contrario de lo que en verdad queremos y nuestro creador sabe que no vamos a poder, muchas veces creemos que podemos hacer lo que se nos da la gana sin tener que pagar las consecuencias, y cuando la gente trata de hacernos reaccionar, haciéndonos saber que para todo lo que hacemos hay un precio que pagar , decimos, OH... ese precio ya lo se pero vale la pena, porque voy a hacer lo que quiero, y al final voy a ser feliz.

Pero todas las veces el precio es más alto del que estábamos dispuestos a pagar, porque siempre nos enfocamos en lo bonito que pudo ser, como en un cuento de hadas, "la cenicienta", es un buen ejemplo.

Pero no calculamos que nuestro creador ha hecho un pago especifico por cada una de las cosas que hacemos como consecuencia, simplemente, al cual nos referimos, allá al final se rendirá cuentas, y de todos modos actuamos mal, y despúes es cuando cuestionamos , pero porque, me esta pasando esto Dios? muchas veces cuanto te preguntas eso es porque tú has ido muy lejos dentro del lodo y estas atorado sin poder salir de eso, para entonces ya es muy tarde es lo que tu mal pensamiento te puede decir, o el mal, o tu ego , pero al contrario ese es el momento de salir del lodo en donde te sientes atorado y regresar paso a paso por el buen camino, aun que para llegar al buen camino tengas que pasar un trecho por el mal camino para llegar a tierra firme. En ese momento es cuando necesitas pensar "estoy respirando, si." Eso es algo de lo que tienes que dar gracias. Empieza con algo chico. "Estoy viendo? Puedo ver." Da gracias por eso. Y así sucesivamente sigue observando el mundo y te darás cuenta que todo está en su lugar desde donde tu estés. Solo piensa que es un momento que está a punto de cambiar.

Siempre, cuando pensemos en hacer daño a alguien, pensémoslo de nuevo y pongámonos en su lugar para ver como se siente, para que cuando la moneda se voltee, puedas con el pago que realmente estas dispuesto a pagar.

Busqué, sólo por mi propia curiosidad, el significado de "fé" en el diccionario y me dio una serie de respuestas pero todas coinciden en esto. Dependiendo de la religión, fe es creer en Dios o Dioses, en una doctrina, y es la forma de enseñar la religión, la fe puede ser grande e incluye confianza y creer sin ninguna prueba a la vista de todos.

Fé es regularmente substituida, por esperanza, confianza o creer lo que algunos críticos han discutido, que fé es lo opuesto a razonamiento el cual no puede ser negociado por falta de evidencias, esto es como algún ejemplo de lo que va a pasar acerca del futuro, que por definición no ha sido visto aún. La definición con respecto a lo que es, quien es Dios o como es Dios:

Dios es la Luz divina pero nadie la puede ver, pero el puede vernos a todos dentro de nuestros mismos ojos, Dios esta por encima de toda comprensión, más sin embargo el conoce todo, en otras palabras, nosotros no lo podemos entender pero el si nos entiende, no lo podemos ver pero el si nos ve.

Y de lo único que nosotros tenemos control, es creer, creer aun que no podamos ver sus obras terminadas, que al final siempre son una bonita sorpresa, cuando creemos en el firmemente, aunque para los demás no tenga lógica o sentido común para todo lo que estará por acontecer, como en su momento no tuvo ningún sentido común, por ninguna de las cosas, antes de que existieran pues sus creadores todavía no las habían descubierto y no lo habrían hecho sin la ayuda de Dios. Y eso solo puede ocurrir dentro de nuestros pensamientos.

Esta mañana llegue a mi oficina y no se por que razón, cuando intente prender mi computadora decía (Out Of. Range), en español fuera de alcance y pensé, así es como nos sentimos cuando no tenemos fe, y necesitamos tenerla y le decimos a Dios, nuestro creador, pero mira cuantos deudas tengo y no tengo dinero para pagar, y tu lo sabes por que no me ayudas, Dios mío, tu estas viendo mi situación porque no me ayudas, por cualquiera que sea la que estemos pasando, pero sentimos que no estamos conectados, que por mucho que intentamos, no logramos que el mensaje que queremos mandar sea enviado, porque estamos desconectados de él por completo.

Pero la conexión está ahí disponible, y somos nosotros los que tenemos que buscar como conectarnos, pero hay veces que no logramos verla, es por eso que he tratado en este libro, de usar la lógica para todo, lo mas posible para lograr ese propósito, al terminar con esta definición de lo que es fe, me di cuenta, que nuestro creador tiene todo planeado, el no improvisa los que nunca terminamos de improvisar somos nosotros, hacemos tantos planes como, plan "A," plan "B" y hasta plan "C," o aun mas, pero el solo tiene uno, el cual tiene PRE- destinado para nosotros, del que nuestro subconsciente nos habla y lo ignoramos todo el tiempo, del cual nos perdemos, pero cuando logramos descubrirlo, el plan B o C deja de existir y nuestra concentración absoluta es plan "A" el plan maestro.

Quiero dar un ejemplo de esto, porque la respuesta la encontré tratando de explicar mi libro.

Si nuestro creador ya planeo que tu en este mes ba a ganar no se es solo una cantidad como ejemplo $5,000.00, y el ya lo predispuso y te puso en mente esa cantidad, y tu sabes que dicha cantidad por alguna razón u otra es la que necesitas en este mes, porque?.... porque el ya lo planeo para ti, ahora como tu vas a hacer ese dinero? El te pone alternativas como prueba si lo vas a hacer de una forma honesta el te pone opción "A," lo vas a hacer de una forma deshonesta? Opción "B," o aunque el ya lo predispuso para ti y esta ahí lo vas obtener.

Obviamente tu, al final de todo, quieres hacer plan "C," por que la capacidad ya se te dio y las posibilidades están ahí, pero no lo crees posible o escoges tu mismo negarte la posibilidad de obtenerlo, porque si él te dio ese pensamiento, también te da las ideas de cómo y te habré puertas o te las cierras, si solo era tu idea y no la de el, te lo hace imposible si no esta dentro de sus planes.

Pero todo eso, te lo da en ese sentido que todos tenemos, el cual los científicos le llaman el sexto sentido. El cual nos da seguridad de algo o inseguridad, o capacidad o incapacidad, es una paz o una agonía, pero cuando estamos confundidos, y no sabemos que hacer lo mejor es no hacer nada. Y meditar para poder encontrar mejor respuesta a nuestro a nuestro yo interno.

Para eso es nuestro razonamiento y debemos tener cuidado, porque cuando justificamos, solo es nuestro sentimiento de culpabilidad, del cual nuestro yo interno nos esta hablando de algo que hicimos mal, y no nos dejara en paz hasta que logremos aceptarlo y dejar de cubrirlo.

17 COMO DISTINGUIR LA VOZ INTERNA QUE NOS HABLA

Cuando estaba en esta etapa del libro me hice esa pregunta, luego medite sobre la misma, le pedí a nuestro creador que me hiciera saber cómo podía distinguir si era el, o yo, o aun peor, cuando era un Espiritu malo de acuerdo a La biblia El Curan Y el Torah esas identidades existen, quien estaba hablándome en ese momento, o alguna otra entidad mala o simplemente yo estaba recordando a un ser querido y venía a mi mente. Quería aprender como poder distinguir esos pensamientos que estaban viniendo en mi mente.

La respuesta me la dio el mismo día, yo iba manejando hacia el supermercado, pero había un (stop) o un rotulo, para dejar que los peatones pasen, luego esas personas me miraron como queriéndome decir nos dejas pasar?, esa voz me dijo, déjalos que pasen, yo escuche a esa voz de inmediato y les hice una seña con mi mano para que pasaran, pero cuando las personas estaban frente a mi carro, otra   voz que me dijo, pásales el carro encima, en este momento mi respuesta fue inmediata, y dije dentro de mi No, No... No estoy loca...

Fue en ese momento que esa voz me dijo... Lo sé, es por eso que te lo dije, en este momento, yo sé quién eres y que piensas, pero quise hacerte saber cuándo soy yo, y cuando no…yo soy generoso piadoso soy quien   te dijo déjalos pasar, pero cuando escuchaste esa voz de tu pensamiento, diciendo que pasaras encima de ellos, no fui yo si no la voz del mal, pero por eso mismo, les he dado el razonamiento para que cuando escuchen esa voz puedan distinguir, entre mi voz y la voz del mal, y tomen las decisiones correctas, porque habrá momentos en la vida de todos, en los cuales nos va a costar trabajo distinguir, entre el bien y el mal. Porque el mal se esconde tan bien que te puede confundir.

Entonces entendí cuál era la voz del bien y la voz mía, pero además hay otras formas de poder distinguir entre en bien y el mal, aquella que está dentro de nuestros sentimientos, como por ejemplo cuando, hacer algo bueno por alguien, (probablemente lo has experimentado), te sientes un héroe dentro de ti, pero cuando por el contrario, haces algo malo, tienes ese sentimiento de culpabilidad, que aunque no lo digas, lo sientes y muchas veces tú mismo te delatas tratando de cubrirlo con mentiras, y cuando estas en ese lapso de confusión, lo mejor es no hacer nada hasta en el momento del cual aclares tu mente.

Lo mismo con nuestro sentido del olfato como ayuda a nuestro sentir, también nos da formas de sentir, como cuando hueles alguna fragancia que te trae recuerdos, y tu mente te lleva de inmediato a lo que haya pasado años atrás, sin lugar a dudas una maquina maravillosa, nuestra mente es tan poderosa en la forma en la cual razonamos en todo, que hasta nos hace sentir muchas veces lo que no podemos ver, y si no me crees, permíteme demostrarlo, piensa en este momento que tienes un limón en tu mano, ahora parte ese limón en dos, toma una mitad de ese limón y exprímelo en tu boca,(imaginariamente claro), te aseguro que si te concentras podrás sentir el sabor acido del limón, puedes probar otras frutas si lo intentas te lo aseguro, y no solo eso hasta puedes contagiar a alguien con tu propia mente.

Inténtalo es por eso que se dice que las emociones son contagiosas porque son energía, si gustas experiméntalo adelante, quieres contagiar a alguien de cansancio, a quien sea que este cerca de ti, solamente insinúa que tienes sueño y trata de bostezar enfrente de esa persona, síguelo haciendo y muy pronto te darás cuenta que esa persona está bostezando, pero también lo puedes hacer en la forma de llorar, si tratas de recordar un momento triste en tu vida te hará llorar y también, puedes hacer llorar a la persona que está contigo, o también de otra forma, quieres hacer reír a alguien sin contarle un chiste?, empieza a reírte solo por reírte y dentro de poco sabrás que la persona que está cerca de ti se estará riendo y no sabrá ni por qué.

Hay veces que no necesitamos ni palabras positivas, para compartir energía con el hecho, de verte activo limpiando tu casa todos los que están ahí mirándote, se contagiaran de energía.

En una ocasión nuestro vecino nos dijo (a mi esposo y a mi), que ese día lo contagiamos de energía porque estábamos limpiando nuestro jardín con tanto entusiasmo que el se puso a limpiar el suyo, esa energía trabaja con nuestro racionamiento, pero hay que estar consciente de que clase de energía queremos atraer ese día y generarla en nuestro pensamiento, con nuestro razonamiento, y compartirla, para generar energía positiva en todas las personas.

Volviendo a esa voz interna, Jesús dijo que el espíritu de Dios es el espacio entre la mente y el alma. Ahora creo que no hay ningún lugar específico para escuchar a nuestro Creador. Cuando tengas la necesidad y tienes las preguntas, el Espíritu de nuestro Creador te conoce y realmente creo que cuando se tiene esa necesidad que él estará justo ahí, esperando por ti, y no hay ningún lugar específico para ello, simplemente sucede. Funciona de una manera igual que una llamada telefónica. No te sientas tímido o con miedo cuando escuches esa voz, porque al principio va a sonar extraño, pero será como si te estuvieras hablando a ti mismo. Sin embargo, sabrás que no eres tú, porque esa voz vendrá como una respuesta, de repente, o una pregunta para ti y sabrás que no eres tú, porque no estabas pensando en eso. Mucha gente tiene gusto de hacerlo en un lugar tranquilo o habitación, pero esa voz puede venir a ti en cualquier momento dado, en un momento de silencio.

18 MILAGROS

Durante mi vida, siempre he escuchado a la gente hablar acerca de los milagros que han sucedido a ellos o cosas que vieron que no podían explicar de una manera lógica. De alguna manera, toda mi vida yo no era religiosa o tan cerca de Dios como yo estoy aprendiendo a ser ahora. Para ser honesta, no me considero tan religiosa, sólo estoy tratando de entender la vida a través de nuestro Creador, ya que él es el Creador de la vida. Yo era una persona normal. A veces, cuando la gente solía contarme sus historias sobre lo que pasó con ellos, para ser honesto, me costaba mucho creer en ellas. Siempre pensé que estaban exagerando. Es decir, hasta que empezaron a ocurrirme.

Milagro 1

Es entonces cuando me acordé de mi madre. Cuando tenía unos diez años, mi madre estaba orando por un amigo de la familia que era ateo y había fallecido. Esas noches, mi madre compartía su cama con una de mis tías que había llegado a la casa por una semana de vacaciones. Mi padre no estaba en casa, así que mi tía iba a dormir en la misma cama, junto con mi madre. Mi madre era católica, en la esquina de su habitación, puso un vaso de agua con algunas flores frescas de su jardín, dedicadas a la persona que había fallecido. Una noche, antes de ir a la cama, ella estaba pidiendo por el alma de esta persona que fuera recibida por Dios. Pero estaba un poco angustiada porque pensaba que como esta persona era atea, Dios no lo iba a recibir con él. En su oración estaba pidiendo una señal de que él estaba bien o que estaba con Dios. Justo después de terminar la oración, se fue a la cama, donde mi tía ya estaba sentada. Tan pronto como ella se cubrió con la cobija, preparándose para dormir, las flores llegaron flotando hacia ella por su propia voluntad y acabaron por caer delicadamente sobre ella. Mi madre y mi tía estaban sorprendidas porque se sentía como que era una señal de que sus oraciones habían sido aceptadas. No sabían cómo esas flores, por su cuenta, habían venido hacia ellas. Esa noche, las dos tuvieron dificultad para dormirse por la bonita sorpresa del milagro ocurrido. Era algo que nunca podría explicarse en un mundo lógico

Milagro 2:

Cuando tenía nueve años de edad, había una señora que era amiga de mi madre que había llegado a la casa de vacaciones. Yo vivía en un pueblo pequeño, el baño de la casa era un poco lejos de la casa principal, al igual que todos los baño en los pequeños pueblos, sin drenaje, un baño fosa séptica.

Ese día, almorzamos juntos con la amiga de mi madre. Justo después del almuerzo, la amiga de mi madre decidió tomar una siesta con sus dos hijos. El mayor de los niños tenía cerca de seis años de edad y el más pequeño tenía tres años. Fui a la habitación en la que estaban teniendo su siesta con su madre. Cuando los vi durmiendo, me decidí a salir a jugar sola en el jardín, porque no estaba cansada.

Me sentía aburrida porque no tenía a nadie más con quien jugar. Pero en ese momento decidí sentarme debajo de un árbol. Pasaron cinco minutos después de eso, pero en eso vi que el niño más pequeño de tres años de edad, salió de la habitación y se dirigió al baño solo, sin su madre. Me sorprendió porque incluso su hermano mayor tenía miedo de ir al baño solo, el baño estaba aproximadamente 400 pies de distancia de la habitación de donde estaban durmiendo. Entonces cuando lo vi ir al baño a él solo, me decidí a asustarlo. Por lo tanto, me escondí detrás de un arbusto y me quedé allí aproximadamente unos 15 minutos, esperando hasta que saliera. Sin embargo, pasaron como 20 minutos y él no volvía. Decidí ir a ver el interior del cuarto del baño, porque lo vi entrar y cerrar la puerta del baño. Incluso había oído el ruido de la puerta al cerrarse, pero nunca llegó a salir. No había otra salida sino a través de la puerta por la cual entro ni tampoco había otro camino de volver a la casa. Entré en el cuarto del baño para ver cómo estaba, porque pensé que tal vez se había caído en el interior del tanque, pero no había nadie allí. Me quedé sorprendida, preguntándome donde estaba.

Volví corriendo a la casa para hablar con su madre, pero cuando entré en la habitación, lo vi durmiendo en el mismo lugar que estaba antes de que me hubiera ido a jugar afuera. Estaba sorprendida por que ella no lo dejaba ir al baño solo y más sorprendida que él no haya tenido miedo de ir solo, porque él era muy apegado a su madre.

Le pregunté a su madre: ¿se despertó tu niño para ir al baño solo?

Ella me dijo, "Él no ha despertado, tiene un buen rato de estar durmiendo,"

Le dije. "No, pero se fue al baño solo. Yo lo vi cuando él fue ",

Ella respondió: "No, él ha estado durmiendo todo este tiempo él no ha salido de aquí, cuando va al baño me voy con él, porque él tiene miedo de ir sin mí. Tiene tanto miedo que él nunca iría solo, ni yo lo dejaría ir solo."

Después de que me explico esto, me puse a llorar porque yo lo había visto y mi pregunta era: Si él no era el niño que vi que era el, entonces, ¿quién fue al baño que era exactamente igual que él? ¡Por qué ese niño estaba vestido igual que él y se miraba igual que él! Esa pregunta nunca fue contestada.

Milagro 3:
Mi marido y yo acabábamos de comenzar nuestra vida juntos cuando decidimos ir de viaje a Las Vegas desde California por primera vez. Teníamos un aut sin aire acondicionado y viajamos en ese auto a las Vegas durante el verano, alrededor de 2:00 PM. No había nubes en el cielo, sino que era de color azul en todas partes en todos los ángulos que se podían ver. Fue mi primera vez que iba, y estaba disfrutando nuestro primer viaje a Las Vegas así que cuando vi las montañas rocosas en mi mano izquierda, le pedí a mi marido que se detuviera y que se desviara hacia esas

montañas rocosas. Hacía tanto calor que en el pavimento se miraba un poco de vapor del calor que estaba haciendo. Yo no tenía nada de agua conmigo, el calor para mí en ese momento era demasiado. No sabía exactamente cuál era la temperatura pero estoy segura que estaba arriba de los 40 grados centígrados. Como todos sabemos Las Vegas es un desierto, si te pones a imaginar la hora en ese lugar, con un carro sin aire acondicionado, con ese calor intenso y sin agua, empecé a sentirme deshidratada con un dolor de cabeza inmenso.

Dije en voz alta: "¡Oh , Dios mío, me gustaría que lloviera!"

Mi marido me escuchó y con una sonrisa dijo: "Sí, claro."

Pero como en tono de burla. Cuando lo escuche, en mi mente pensé pero ya no dije en voz alta solo dentro de mí misma, "Dios mío, sabes, me encantaría que lo hicieras solo para demostrarle que si lo puedes hacer." Dos minutos después de eso, empezó a llover. Cuando el agua comenzó a caer sobre el auto, mi marido se quedó asombrado. Detuvo el auto y abrió la puerta. Él se bajó del auto para encontrar de donde venía la agua porque el día estaba soleado y no podíamos ver ninguna nube. Para su sorpresa, había una nube justo encima de nuestro auto, la nube era aproximadamente del tamaño de auto y esa nube estaba lloviendo sólo para nosotros. Mi marido volvió a entrar en el auto y él me dijo: "Como no pediste ganar el premio mayor de la lotería." Cuando él dijo eso, yo también salí del auto, porque me quedé sorprendida por lo que aun yo misma le había pedido a Nuestro Creador. También vi la nube arriba del auto. Mi marido decidió apagar el auto por que la nube estaba pequeña y si movíamos el auto el agua iba a dejar de caerle, o a lo mejor teníamos miedo que algo más extraño pasara, que la nube siguiera el auto hasta descargar el agua. Pudo apagar el auto porque estábamos fuera de la calle transitada y tuvimos que esperar unos cinco minutos hasta que la nube descargo su agua sobre nuestro auto. Sólo había una nube que fue la que llovió solo para nosotros. Hasta el día de hoy, sigue siendo un momento mágico en mi vida.

Milagro 4:

Tenemos que prestar atención a nuestros sueños, sabiendo que no todos los sueños son mensajes, pero algunos de nuestros sueños pudieran ser una advertencia de algo que puede ocurrir o que ya pasó. La razón por la que digo esto es porque he experimentado en mi vida muchos sueños que se han hecho realidad, como en esta ocasión:

Tomamos unas vacaciones en familia con mi marido y mis hijos en donde fuimos al país donde nací. Mi marido había en ese momento decidido dejar que extendiera mis vacaciones con mi familia por cuatro días más. Decidió llevar a nuestros dos hijos con él para que pudiera disfrutar del tiempo con mi familia. Cuando llegó a California, fue a una fiesta en la casa de un amigo que hemos conocido desde hace mucho tiempo. Algo pasó en la fiesta del cual yo no tenía idea. Mi marido no quiso contarme de lo sucedido en ese evento. La verdad yo no sé por qué.

El punto es que cuando volví de mis vacaciones, mi marido me dijo: "Vamos a ir a visitar a nuestros amigos."

Mi marido se refería a los amigos que habían celebrado la fiesta en su casa en California. Pasamos el fin de semana con ellos, pero por la noche, cuando estábamos durmiendo en su casa, tuve un sueño de lo que había pasado en esa fiesta, de cual mi marido no había querido decir.

A la mañana siguiente, me desperté y mi marido y yo nos sentamos con la otra pareja a desayunar con ellos. Después del desayuno, recordé del sueño que había tenido la noche anterior y le dije a nuestra amiga enfrente de mi marido y del marido de nuestra amiga: "Sabes, tuve un sueño extraño anoche que estábamos en una fiesta y que su cuñado había asistido a esa fiesta, pero no con su esposa, pero con otra persona que no era su esposa. Se quedaron muy sorprendidos porque lo habíamos visto con su esposa durante unos diez años y nadie sabía lo que estaba pasando, ni siquiera la familia. Fue una sorpresa para todos."

Cuando le dije eso, ella se dirigió a mi marido y le preguntó ¿Le has dicho lo que pasó en la fiesta?

No estaba al tanto de ninguna fiesta ya que estaba fuera del país cuando esto se llevó a cabo. Mi marido se sorprendió y le explicó entonces que él no me había dicho nada. Entonces yo estaba confundida porque yo no sabía lo que estaba pasando.

Así que le pregunté ¿Por qué le preguntas? ¿Qué pasó?

Mi marido luego me explicó que todo lo que pasó en mi sueño era verdad, incluso la manera que describí lo sucedido y hasta la forma en que describí a la otra persona. Lo raro de todo esto es que yo nunca estuve allí y no sabía nada, pero entonces por qué soñé lo que había pasado sin estar allí. Reviví el momento y también estuve allí, pero en sueños. Yo creo que cuando Dios quiere que sepas algo te permite saber de alguna manera, o de otra.

Milagro 5:

Durante mi vida, nada fuera de lo común estaba ocurriendo hasta que comencé a experimentar una gran cantidad de dificultades en mi vida de tal manera que realmente me alejé de estar cerca de Dios. Mi relación con Nuestro Creador era tan mala que casi era una especie de negar su existencia hasta hace poco, en Diciembre del 2012, cuando empecé a escribir este libro. Sentía un vacío, sin esperanza, y en la incredibilidad total. Le pedí a Dios en mis oraciones que si él era real, y que si así era que   me dejara saber de alguna manera u otra que me estaba escuchando y que me lo hiciera saber de alguna manera.

Cuando empecé a escribir este libro me sentía muy sola porque no lograba encontrar consuelo en nada ni en nadie. Me inspiré y empecé a escribir las cosas que de alguna manera sentí no provenían de mí. Era más como que yo estaba leyendo un libro del cual yo no estaba escribiendo. Fue como cuando yo estaba escribiendo mis preguntas en el libro que yo estaba escribiendo pero las respuestas entraban fluyendo en el mismo libro, porque tenía todas esas preguntas , pero yo no tenía las respuestas. Pero por otro lado durante la etapa del cual estuve escribiendo el libro parte de las

respuestas a las preguntas que yo tenía venían en mis
sueños y partes venían como si alguien estuviera
susurrando a través de mi mente, pero yo sabía que yo
no me estaba dando a mí misma las respuestas. Todas
las respuestas fueron dadas con mucha claridad, lo que
hace mucho sentido en respuesta a las dudas que tenía.
Empecé a contarles a mis amigas cercanos acerca de
lo que me estaba pasando, porque era una experiencia
que nunca había pasado en mi vida .

Una mañana, me desperté lista para seguir
escribiendo el libro. Me sentí un poco confundida
acerca de la redacción de este libro y le dije en mi
mente, "Oh Dios, yo no sé si lo que estoy haciendo es
lo correcto. Es sólo que no quiero engañar a nadie ni
confundir a nadie. ¿Cómo puedo saber que está bien lo
que estoy haciendo?" Cuando yo le hice esa pregunta
inmediatamente me dio una respuesta y la respuesta
fue: "No uses tus lentes." Y yo respondí "Dios mío,
eso debe significar que no debería estar escribiendo
este libro, porque no puedo leer sin mis lentes (gafas)
de lectura. No voy a ser capaz de ver nada." Pero el me
insistió, "No uses tus lentes." Escuché a mi
pensamiento y no use mis lentes. Cuando lo escuche,
decidí dejarme llevar y escucharlo. Para mi sorpresa,
tuve la oportunidad de leer el libro, incluso mejor que
antes, cuando usaba mis lentes. En ese momento me di
cuenta que había ocurrido un milagro, que hasta llore

de la felicidad de saber que estaba siendo escuchada y de saber que estaba bien que yo siguiera escribiendo este libro. Pero luego tuve otra pregunta "¿Y si hay algo en el libro que tú, Dios mío, no quieres que yo escriba . Cómo voy a saberlo?" Luego, vino otro pensamiento que me decía que siempre que hubiera algo que yo no tenía que escribir que iba a ser borroso y yo no sería capaz de leerlo.

Alrededor de un mes después de eso, le comenté a una de mis vecinas que estaba escribiendo un libro. Le pedí que viniera a mi casa para que pudiera mostrárselo. Ella vino y yo le estaba mostrando lo que había escrito cuando nos dimos cuenta que una de las páginas estaba borrosa. En el programa moví las paginas hacia arriba y hacia abajo sólo para comprobar si había alguna otra página borrosa, pero esa era la tercera página y todo lo demás, de arriba abajo, estaba claro a excepción de esa página. Mi vecina estaba a mi lado mirando esa página al mismo tiempo que yo, notando que estaba borrosa. Me pregunte a mí misma si yo era la única que estaba viendo esa página.

Para mi sorpresa, ella también estaba viendo esa página, pero yo no lo sabía hasta que ella me dijo ¿Por qué es que la página esta de esa manera?

Ahí fue cuando me di cuenta de que ella también estaba experimentando lo que estaba viendo. Yo estaba feliz de saber que tenía un testimonio de esto. Tuve que explicarle por qué esa página estaba así. Más tarde, cuando le contamos a otra vecina lo que sucedió, vi incredibilidad en su rostro. Estaba pensando lógicamente, pensó que tal vez estaba tomando mucho tiempo para cargar la página. Le pregunté por qué era entonces, que las páginas siguientes si fueron claras.

Entonces le expliqué que había algo que tenía que corregir en esa página y me encontré con el error y lo arregle. El error fue la palabra "poseía" en lugar de la palabra "pensaba." Quise decir "Cuando yo pensaba en Dios" pero en vez dije "Cuando yo poseía a Dios." Dios sabe que era un error de buena fe, no lo hice a propósito, pero me mostró que tenía que corregirlo borrando la página.

Durante este tiempo necesitaba a alguien que me ayudara con la corrección del libro y la vecina que se encontraba en una manera de pensar lógicamente y sin poder creer lo que había sucedido con esa página me estaba ayudando con la corrección de pruebas. Le pedí a Dios que por favor le permitiera ver una señal de que todo lo que yo estaba escribiendo en este libro era con su voluntad y que los milagros puedan suceder.

Esa mañana había una línea borrosa en una de las páginas y pregunte, Dios mío, permítele ver esta línea porque ella me ha estado pidiendo algo para mostrarle. Yo dije, ¿cómo puedo saber si Dios quiere que lo vea? Luego pensé, voy a llamarla. Ella era mi vecina de enseguida. Si cuando venga con ella esta línea sigue así, eso significa que nuestro Creador está permitiendo que ella vea esto. Si la línea es clara, eso significa que esto era sólo para mí conocimiento. Y me dije a mí misma, si ese es el caso está bien porque soy yo la que tiene que creer antes que nadie acerca de este libro.

Fui a llamar a ella, ella vino conmigo de inmediato. Le mostré la página en la computadora y ella vio esa línea.

Su expresión fue ¡Esto no puede suceder! ¿Cómo puede suceder esto? Esto no es normal. Este programa, el que tú estás utilizando no tiene esa característica de la forma que la línea se mira.

Ella se acercó más a la computadora sólo para comprobar si sus ojos estaban jugando un truco. Se quedó asombrada, sacudiendo la cabeza con incredibilidad. Pero entonces ella creyó después de que ella se dio cuenta de que era verdad. Ella me hizo una pregunta. Está bien, entiendo que Dios quiere corrijas esta línea ¿Pero entonces, qué es lo que hay que arreglar o corregir?

Ella trató de escribir en el documento para mover la línea borrosa hacia abajo o con la esperanza de borrar las líneas. Entonces Dios sabía que ella creyó y es cuando la línea se aclaró y la frase que necesitábamos corregir era que todos los profetas vinieron a probar que Dios existía con su propia capacidad. Fue entonces cuando comprendí que nadie es capaz de hacer nada sin el espíritu de Dios.

Todos sabemos que Dios existe y todos sabemos que él tiene toda clase de poderes, que puede mover montañas y hacer milagros que serían demasiado ilógicos de entender. Pero todos sabemos que él puede hacerlo todo, que no hay nada imposible para él y cuando llegue el momento de que te revele que es real, no es necesario verlo, pero puede llegar de una forma que tú puedas entender. Y sin embargo, tenemos dificultad de creer que algo así pueda suceder realmente. Pero para ser honesta contigo, sinceramente, creo que ese es nuestro juicio. Ese es el reto que tenemos: creer o no creer. Esta es una historia real.

Fui a recoger a mis hijos a la escuela ese viernes a las 3:00 PM después de haber conducido el auto todo el día. Traté de iniciar mi auto una vez más, pero el motor no encendió. Traté de llamar a AAA, que es un servicio de asistencia cuando tienes algún problema mecánico con tu automóvil, pero la señal en mi teléfono estaba siendo interrumpida. Estaba frustrada, pero por suerte yo vivo a una cuadra de distancia de la escuela y decidí caminar de regreso a mi casa, dejando el auto en el estacionamiento de la escuela. Me dije a mí mismo, voy a ir a dejar a mis hijos y volveré por el auto. Cuando regresé, era un poco oscuro, a las 7 pm. Traté de arrancar el auto de nuevo, pero la batería estaba completamente muerta. No podía prender el auto en absoluto, al igual que cuando yo había tratado a las 3 pm.

Estaba frustrada, levanté las manos preguntando a Dios por qué esto estaba ocurriendo. Con las manos todavía en el aire, lejos de las llaves, que estaban pegadas a donde se enciende el auto, vi como las llaves se movieron por su propia cuenta y dieron vuelta hasta encender el auto. Justo después de eso, las luces del auto encendieron, a continuación, la radio, también. Me quedé sorprendida por todo, porque yo estaba consciente que no encendí el auto. Estaba congelada, tratando de encontrar la lógica de lo que estaba sucediendo. ¿Cómo sucedió eso? Yo había estado tratando de encender el auto en todo este tiempo y entonces de repente encendió por sí mismo.

Había un mensaje en el auto en la radio. Realmente no le presté atención porque yo no sabía al principio si era una estación de radio regular o si eso era Dios tratando de hablar conmigo. Tuve un pensamiento en mi mente "Dios mío, yo no prendí el automóvil. Mis manos estaban en el aire y ni siquiera tocaron las llaves ¿Dios mío, fuiste tú el que prendió el automóvil?" La respuesta que obtuve de Dios fue ¿crees que no sé nada de tecnología o de los automóviles? Con la boca abierta, traté de adivinar lo que estaba pasando. De lo único que tengo memoria de eso es que cuando le pregunté cuándo iba a venir, dijo que no me preocupara, porque el día del juicio es uno - a-uno. No le presté atención durante el resto del mensaje porque estaba congelada. Sentí tanto frío que empecé a temblar y mis huesos me empezaron a doler. El mensaje en la radio duró unos cinco minutos. En primer lugar, el radio se apagó, y luego el automóvil también se apagó después de la radio.

Después de eso, yo sabía que era él y que él me estaba escuchando. Me dije a mí misma ¿Puedo llevarme el automóvil ahora? Luego, en mi mente, un pensamiento, me dijo, "inténtalo." Traté de prender el automóvil, pero no pude. Estaba completamente muerta la batería. Traté de unas ocho a diez veces más y ninguna de esas veces fui capaz de prender el auto. Finalmente me rendí y dije, "bien, supongo que no vas a permitir que yo tome el automóvil." Así que, decidí volver a mi casa, dejando mi automóvil en el estacionamiento durante la noche. Cuando llegué a mi casa, yo no quería explicar esto a mis hijos porque eran demasiado jóvenes para entender lo que había sucedido. Eso pensé al principio, pero luego decidí decirles. Fui a la sala y le dije a mi hijo y su amiga lo que había pasado en el automóvil. De repente, el televisor se encendió en la sala. Se espantaron, así que pensé, "Dios mío, no me envíes mensajes en frente de ellos. Aún son jóvenes y no están preparados." Y con eso el televisor se apagó por sí mismo. Me fui a la cama, pero yo estaba muy sorprendida por lo que estaba sucediendo. Recé por la noche y le pedí que por favor, me hiciera saber si realmente era Dios quien estaba haciendo todas estas cosas para mí, porque yo no tenía miedo de nadie, ningún espíritu ni nada de eso, pero yo no estaba interesada en tener comunicación con nadie, solo con él, nuestro Creador. Quería asegurarme de que todas esas cosas que estaban ocurriendo a mí venían de él - nadie más que él. En esa noche, me hizo repetir toda la noche que él era el Creador, porque él creó todo en la tierra. Y él era el proveedor, ya que nos provee de todo lo que necesitamos y que nadie más que él puede decirlo porque todo el mundo que se hizo por él sabe lo poderoso que es. Y nadie más que él puede decir que es él, Dios el Creador y el Proveedor.

Aquella noche comprendí que era Dios quien me daba todas las respuestas. La cosa más bella que aprendí ese día fue que yo no soy especial. Cualquier persona, sin excepciones, puede experimentar lo que hice si tienen las mismas preguntas que yo. Él se puede revelar a quien sea, al igual que lo hizo conmigo, de alguna manera. Nadie tiene que ser profeta, ni santos, ni especiales para que esto suceda a ellos, para saber que realmente existe Dios. A pesar de que era una cosa difícil de creer que todo lo que me estaba pasando era cierto, es cierto. En la biblia dice "Toco y se abrirá, pide y se te dará. Dios siempre estará contigo en todo momento."

Durante esa semana, yo estaba teniendo muchas visiones durante mi sueño y también cuando estaba despierta pero apunto de dormirme. Me enteré de que él puede cambiar la vida en un momento tan fácil como cuando se borran fotos de nuestros teléfonos. Así es como lo hace en nuestra vida, sabiendo lo que es el próximo evento de ser sin nuestro permiso o nuestro conocimiento.

FIN

Cuando yo empecé a escribir este libro, le pedí a Dios, que por favor me ayudara a pensar, por que no quería ofenderlo, ni siquiera guiar a nadie a algo que el no quería, y por lo tanto les pido que duden de lo que yo les digo y que a su vez hagan su propia búsqueda, y se tomen su tiempo a como yo lo hice sin perjuicios, y tratar lo más que puedan si juzgar solo con el propósito de encontrar la verdad para liberar tu alma y no simplemente con el hecho de tener la razón de algo, de donde estén porque no es bueno creer todo lo que ven o escuchen, después de todo la intención de este libro, no es para que me den la razón, porque no es ese el propósito, es solo para que empieces a conocer tu alma, por que una vez que logras conocerla, te das cuenta que lo único que tienes que hacer es, creer en nuestro proveedor, Dios   y dejarte llevar y creer firmemente, que todo lo que pidas en fe, en fe se lograra, no importa que en los ojos de el Dr. Sea imposible realísticamente, porque por lo general los doctores se dejan llevar por estadísticas, de previos pacientes que han tenido o estadísticas generales o experiencias por las que han pasado, pero no hay ningún médico, que te pueda dar un diagnostico y que te diga el 100% de seguridad, actualmente te dicen, ve con otro médico por una segunda opinión, o hasta una tercera.

Pero muchas veces por muy malas que sean las noticias que un medico quiere darnos, escogemos creerle a el, a un humano como nosotros y no a Dios, mi pregunta es por que hacemos eso, por que le creemos a un Doctor y no a Dios, de nuevo vamos a lo mismo, porque al Doctor lo vemos y vemos los análisis y a Dios no, ni tampoco podemos ver nada porque el DR solo está dando su punto de vista o su opinión de acuerdo a lo que está observando pero el solo el observa el presente momento que está a punto de cambiar porque el Doctor no sabe con certeza que le espera en el futuro pero nuestro creador sabe el futuro del DR y el tuyo al mismo tiempo.

En uno de todos los libros que he leído, la descripción de lo que es fe es: Prácticamente la habilidad de creer en algo firmemente, que aunque no lo puedes ver, ni tocar, ni sentir, tienes la firmeza que esta ahí, aunque no tienes la evidencia que así sea, porque cuando llegas a conocer la guía del camino que tienes que seguir, es fácil de seguirlo.

Aquí hay otras palabras explicando mas o menos lo que es estar en fe: "es estar en negación de lo que se esta viendo" como incredibilidad, o negación de lo que en ese momento se esta observando como una realidad, dentro de tu mente, dentro de tu espirito, de algo que viene y aun no puede ser visto y confirmado por el mundo. A veces desde el punto de adentro hacia afuera, y se va expandiendo segundo ha segundo y haciéndose mas grande y mas grande.

Como cuando dejas caer una en el agua, que se ba expandiendo en forma de circunferencia, abarcando mas y mas hasta que las hondas dejan de ser visible a tus ojos.

RECONOCIMIENTOS

Today is Thanksgiving

Hoy es Acción de Gracias

¡Qué hermoso es poner fin a este libro en un día como hoy , para escribir la última parte de este libro, Unificado: a quien   dedico este libro.

Tengo que agradecer a Dios, nuestro Creador de todo, en primer lugar, por permitirme escribir este libro. Fue una sorpresa para mí que este libro estaba en mí, esperando a nacer o ser descubierto. Estuvo allí todo este año sin que yo lo supiera. Tengo que agradecer a Dios por enseñarme a ver más de lo que era capaz de ver antes. Tengo que agradecer a Dios por enseñarme a escuchar más de lo que era capaz de escuchar antes. Tengo que dar gracias a Dios por haberme permitido sentir más de lo que podía sentir antes. Tengo que dar gracias a Dios por haberme enseñado a descubrir lo que estaba cubierto por él, por ayudarme a descubrir esta hermosa sorpresa que había en mí. Tengo que agradecer a Dios por todas las personas que ha puesto en mi camino por una razón u otra, porque todos ellos forman parte de mi vida, la vida que me dio como regalo. Tengo que dar gracias a Dios por permitir que todos estos hermanos y hermanas de mi familia humana que viene de usted, nuestro creador, que me ayudaron a hacer realidad este sueño desde el momento en que nací hasta el final de mi vida que pasa en la tierra, compartiendo este hermoso experimento que llamamos vida aquí, con este cuerpo prestado para que sea visible para los demás.

Tengo que agradecer a mi madre por su último deseo. Ella le pidió a Dios como su último deseo que me dé sabiduría para poder ayudar a mi familia, a los que me rodean, y a mí misma.

Tengo que agradecer a mi padre por animarme a hacer siempre lo mejor posible y porque continuamente me decía, en cierto modo, mi destino era ser un éxito y que no tenía otra opción al respecto. Y el único que me podía parar era Dios. Él solía decirme: "No dejes que otros te lo impidan, se tu misma. " Y esas voces se hicieron eco en mi vida después, cuando mi padre ya no seguía con vida.

Tengo que dar gracias a Dios por haberme permitido perdonar a muchas personas.

Tengo que dar gracias a Dios por darme la familia que tengo, a mis hermanos y hermanas Ana , Aura Marina, Eddy , Carlos, y mi ángel de hermana Maira.

Tengo que agradecer a Dios por mi esposo Towzik Ahmed y los hijos que me permitió tener: Omar y Ameer. Tengo que agradecer a Dios por las hermanas de mi marido y de sus familias: Romana Wahid y Mona Faris por ser parte de mi vida asegurándose de que estaba bien en muchas ocasiones.

Tengo que agradecer a José Aguirre por ayudarme con la parte en español del libro Unificado.

Tengo que agradecer a mi hermano, el Dr. Eddy Amílcar Novoa, por ayudarme con el libro en español Unificado y desafiarme para hacer este libro mejor.

Tengo que agradecer a Daniela Jiménez por ayudarme con la traducción del libro Unify.

UNIFY

Tengo que agradecer a Ingeniero James Andrade por ayudarme a corregir el libro Unify.

Tengo que agradecer a futura, muy pronto con la bendición de Dios: Administradora de Empresas Ambreen Ahmed, por ayudarme con la prueba de leer el libro Unify

Tengo que agradecer a Linda Naseteddin la prueba de leer el libro Unify.

Tengo que agradecer a mi amiga Karen Al Hussaine por ser parte de mi testigo mientras estaba escribiendo el libro y su apoyo y desafiantes preguntas con la intención de encontrar nada más que la verdad en el libro Unify.

Tengo que agradecer a mi amiga Rocío Medel por estar ahí conmigo durante los momentos de necesidad en mi vida.

Tengo que agradecer a Teresa y Mike Andrade por responder a muchas de mis preguntas acerca de la Biblia y ayudarme con una mente abierta sólo con el propósito de encontrar la verdad de lo que realmente somos.

Tengo que agradecer al Sr. y la Sra. Abdul y

Rowena por responder algunas de mis preguntas acerca de El Corán con una mente abierta con el propósito de unificar las personas con Dios.

Tengo que agradecer a los señores Ernesto y Gabriela Santiana por contestarme las preguntas que tenía en respecto al Tanaj (Torá) y por el tiempo que pasamos juntos después de la cena tranquila donde intercambiamos conocimientos sobre el judaísmo.

Tengo que dar gracias a Dios por tener como mi testigo de uno de los milagros a Aishah Wahab cuando el televisor encendió por sí mismo y cuando se apagó después de que yo dije en mi mente a Dios que por favor apagara el televisor, ya que no estaban listos para ver los mensajes. Yo estaba preocupado porque creía en mi mente que eran demasiado jóvenes para recibir los mensajes conmigo. Podrían asustarse y por lo tanto el televisor fue apagado por lo oculto, nuestro Creador, inmediatamente después de que lo dije en mi mente.

Tengo que agradecer a mis vecinos por ser mis vecinos.

Tengo que agradecer a Nancy y Naser Long por su tiempo y por compartir conmigo sus creencias en cuanto a lo que esta vida es para ellos. Al principio me dio la impresión de que no tenían creencias en cuanto a Dios, nuestro Creador, porque es lo que pensaban a sí mismos, pero después de hablar con ellos durante algún tiempo fue una agradable sorpresa para mí que en el fondo había una duda en sus corazones. Y, sí, habían creído en Dios antes, pero hubo un momento en el que perdieron la esperanza y se les perdió esa creencia. Yo ruego por ellos, que Dios se manifieste a ellos al igual que me paso conmigo, porque ambos son gente maravillosa.

Tengo que agradecer a Antonio Banderas por ayudarme con mi página web y ser creativo y ayudarme con la portada del libro Unify.

Tengo que agradecer a Dios por haberme dado el pensamiento en cuanto a la canción "We Are One," creado por Farhan Zand y un compositor de Modern Talking. La letra es de Mina Jalali, para el video musical, dirigido por Warner Bros. y cantado por Thomas Anders y Omid, la música y vídeo de Sony. Yo estaba orando por una canción que podría dar el mensaje que yo quería para el sitio web de unificado y Dios escucho mis oraciones una vez más, porque no sólo me dio la canción que yo necesitaba, sino el video perfecto para el sitio web, también. Doy las gracias a todos ellos por ser parte del libro Unificado. En la vida no hay coincidencias, por lo tanto, gracias a todos ellos por ser quienes son, y por ser parte de este planeta, la Madre Tierra.

Quiero dedicar este libro a Dios sobre todo porque él es Uno y para la humanidad, porque somos uno viene de una vuelta a su Creador.

ABOUT THE AUTHOR

SONIA B. AHMED es secretaria, con especialización en mercadotecnia y publicidad. Actualmente está trabajando en Negocios Inmobiliarios. Ella es autora del libro Unificado, un libro de auto-desarrollo espiritual.

Ella es originaria de Guatemala, en la actualidad una ciudadana Americana. Después de la muerte de su padre decidió emigrar a los EE.UU. Cuando ella tomó esa decisión, ella salió sin nada en las manos, pero con muchos sueños por cumplir en su corazón

Su libro Unificado, le permitió lograr uno de sus muchos sueños. La lucha para entender su propósito en la vida y la necesidad de encontrarse a sí misma la hizo escribir el libro de la historia que quería ser.

Ella está casada con el hombre que ella cree que estaba destinado a ser su marido, Towzik Ahmed. Ella tiene dos hijos, Omar y Ameer. Ellos tienen la familia que necesitaban tener con el propósito de vivir la vida que necesitan vivir como familia en este mundo lleno de retos y momentos hermosos. Ella cree que su familia tiene todo lo que necesitaba tener para la expansión de su sabiduría, que ahora es Unificado..

Sequences of Life

¡MUY PRONTO!

Secuencias de la Vida

Para mas informacion sobre
Unificado o Secuencias de la
Vida:
UnifyBooks@gmail.com
www.UnifyTheBook.com
P.O. Box 1299
Anaheim, CA 92815

www.ingramcontent.com/pod-product-compliance
Lightning Source LLC
LaVergne TN
LVHW051255080426
835509LV00020B/2987